ニーチェから見た

資本主義論

堀江秀治

序章

これまで、私は前書き、後書きを何度も書き直した。書き直す内、それらは一体なんなのかわからなくなって来た（従って、これはもっとも最後の時点で書かれたものである）。

この書は正直、推敲の余地すらないほど雑然としている。ニーチェが『ツァラトゥストラ』のような一見小説体のようなもの、また箴言集という形で己の思想を語らねばならなかった理由も分る気がした。

そこで私が行き着いた答えは、私が書きたいことを序章として先に概説しておけば、読者にとって無駄な時間（読むに値するか否か）が省けるのではないかということだった。

まず言っておかねばならぬのは、（誤解の恐れのあることは十分承知して言うのだが）、私にとって思想家とは、知る限りでは、ニーチェと私くらいしかいないのではないかと思っている。それは私たちが優れているという、そんな瑣末なことを言っているのではない。むろん世界には多くの思想家がいる。だが私にとって、彼らはその範疇には入らぬという意味である。別言すれば肉体の思想家としてのニヒリストではない、ということである。

ニヒリストというと否定的捉え方をする人もいるようだが――そもそうした思考が洗脳されているということだが――、そうした洗脳された社会の常識的思想を離れ、生命そのものの虚無（生きるモノの世界）から思想を紡ぎ出す人を私は思想家（ニヒリスト）と呼ぶのである。つまり生命進化において、生命（主に動物）は食うか食われるかの世界を生きてきた。ヒトはそれを本能的価値として持たざるを得ぬ宿命を生きることになったから、戦争というものが絶えぬのである。その宿命をニーチェは「力（権力）への意志」という表現であらわし、私は「生の上昇」とした。ヒトはいかなる思想であろうと、力（権力）への意志というクズ性（戦争等）を内包せざるを得ぬのである。

　ところで私のいう思想（ニヒリズム）とは、生命のもつ生の上昇（力への意志）からのみそれを取り出すことで、他者の思想に頼らぬことである。一言でいえばニヒリストは肉体で考える人であり、普通の思想家は頭で考える人である。

　では、なぜヒトがニヒリストになるのかと言えば、それは進化を逆行することによって価値を脱落し（これを人は神秘体験と呼ぶ）、生命そのもの（たとえばサル）にまで落ちてしまうからである。そして彼は、そこから思想することによって元のヒトに戻るために――なぜならヒトは価値を脱落させたままでは生きられぬから――そこか脱出するために様々な思想を生み出さざるを得ぬことになり、それは世間の常識的思考とはまったく異なるものになる。従ってそのために、私はニーチェ同様に様々な思想的造語を生み出すことになるのだが、それについて多くの場合、一々説明することはしない。その理由はそれが「肉体のもつ大いなる理性」(『ツァラトゥストラ』)によって生み出されたものだから、説明したところでそれを頭で考える以上、理解できぬからである。それはニーチェの「力(権力)への意志」をいくら言葉で説明しても無意味であり、肉体で受け止めるしかない性質のものだからである。

それでも私は、その力(権力)への意志を基礎に、その定義から入り、検証、論理、証明という一応の手順は踏んだ。その結果として、思想というものが地政学的、気候風土的、歴史的条件に大きく係わっているという事実に行き当った。その上で、今日の日本が外見上(三次元身体〔後述〕上の言語)において西洋化されていることから、西洋文明のなんであるかを私なりに解析し、それを受け入れている日本人の歴史的古層(四次元身体〔後述〕の言語)のなんであるかを解明し、今日の日本の西洋化がいかなるものであるかを明らかにしようとしたのが本書である。

話は序章から多少ずれるが、例えば日本人は昭和二十年八月十五日、一晩眠っただけで、それまで緑もゆかりもなかった民主主義の国に成れるはずがないということが、多少歴史を知る者なら(後に示す『ベルツの日記』)分るはずなのだが、それが分らない。つまり今日、日本人がやっているのは民主主義擬《もど》きであって、もし真の民主主義であったら憲法に九条などあるはずもなく、また朝日新聞の従軍慰安婦報道等、あるいはオウム真理教事件なども起るはずがない、ということも分らない。そしてなぜ分らぬかを明かすことが本書の目的の一つである。

話を本題に戻す。

ヒトはもともと群れ本能的価値、つまり群れの性質である「私たちは考えない」で生きていたが、同時にヒトは闘争本能的価値をも生きていたから、古代から戦争社会であったヨーロッパ(地中海世界)においては、戦争に勝つためには「私」で「考え」ねばならなくなった。しかしヒトは群れ本能的価値に支配されているから「私」では生きられない。そこでヨーロッパ人はキリスト教という疑似群れ宗教集団を作り、そこに「私」を帰属させた。従ってイエスの教えとキリスト教とは、ほとんど関係ないものになってしまった。つまり戦争のためのキリスト教になってしまったのである(それはイエスの主たる教えの一つの隣人愛が、アメリカのキリスト教になると、白人に従わぬ原住民を虐殺し、その代替労働力として黒人奴隷を拉致するに至ったことからも明らかだろう)。しかし彼らは「私」を維持するために聖書を信じる振りをした。いや振りをしたという言い方は正しくない。信じているのである。つまり自己を無意識に騙して、信じてしまっているのである。これを私は自己偽善の思想と呼ぶが、どうしてそのようなことが可能なのか言えば、ニーチェも言うように「主体は虚構である」、つまり「私はある」などというのは嘘であって、彼の言うように「君の思想と感受の背後に、一個の強力な支配者、知られない賢者がいるのだ、――その名が『本来のおのれ』である。君の肉体のなかに、彼が住んでいる。君の肉体が彼である。」(『ツァラトゥストラ』)なのである。

別言すれば、「意識」の背後には「強力な支配者、知られない賢者」がいるということであり、それを彼は別のところで「意識にのぼってくる思考は、その知られないでいる思考の極めて僅少の部分、いうならばその表面部分、最も粗悪な部分にすぎない」(『悦ばしき知識』)とも言っている。つまり意識とは「表面部分、最も粗悪な部分」であって、その下には「強力な支配者、知られない賢者」が存在するということである。

私は西洋には思想家(ニヒリスト)がいないと言ったのは、そうした「本来のおのれ」の視点を持つことができる者がいなかった(ニーチェ以外)、という意味である。

西洋人はその戦争社会から、キリスト教＝「私は考える」に至ったが、そこからキリスト者デカルトは「私は考える、故に私はある」という思考に至り、実質、神への梯子《はしご》を外してしまった。信仰とは本来「神の下にある」ものであって、「私は考える、故に私はある」は実質、神なしでもよいということである。しかしすでに述べたように、ヒトは群れ本能的価値を生きる存在であるから、「私」で生きる以上、疑似群れ宗教集団としてのキリスト教は残しておかねばならない。デカルトのキリスト教とは、信仰を離れたそうした性格のものなのである。だから正信のキリスト者パスカルは彼を激しく非難した。

しかし、西洋はデカルトの方向へ走って行く。つまりキリスト教は空洞化した神の下に「私は考える、故に私は正しい」とする悪魔の思考――つまり実質、「私」が神になってしまった――に至ってしまったのである。本来、群れ本能的価値を生きるヒトは「私」で考えることができぬのを、西洋人はキリスト教という疑似群れ宗教集団を作り「私は考える」という悪魔の思考に基礎づけを行い、悪魔の所行をも行うことになったのである。その思考・所行が自然科学、産業革命、英米等に見られる侵略・略奪、資本主義、民主主義、共産主義、ホロコースト、原爆投下、地球温暖化等へと至るのである。「私」が神になってしまった以上、「私」が「正しい」と思えば「なんでも有りの世界」になってしまったのである。

ところで、日本人は民主主義をなにか素晴らしい思想のように思っている節があるが、西洋戦争社会から生れた産業革命、資本主義による富によって「私」(市民)の力が強くなり、その市民が封建領主から革命等によって権力を奪い取っただけのことで、彼らの悪魔の思考はなんら変わっていないのである。それまでは領主の意思で侵略、略奪を行っていたものを民主国家はそれを市民の意思で行うことに変わっただけであり(それは英米等の歴史が示している)、彼らは侵略、略奪を日本人のように悪いことだとは思っていない。そのことは後に述べるが、それは日本の武士が侵略を悪いことだと思っていなかったのと同じである。

しかし現代に至って、彼らはついに悪魔の思考が生み出した最終兵器・原子爆弾に対し恐怖を抱きはじめ、「核兵器のない世界」などとある意味不毛なことを言い出した。なぜ不毛かと言えば、問題は「核兵器のない世界」ではなく、彼らが悪魔の思考を捨てられぬ限り、「核兵器はなくならぬ」という事実認識ができぬことである。

武士も市民も戦う人という意味では、思考法が似ている。もし戦争になって自国が敗北の瀬戸際に追い込まれ、しかも核兵器を保有していたら、敵・見方一連托生で亡ぶことを選ぶだろう。そういう思考の危機感が西洋人にはあるから、核シェルターが常識化しているのに対し、武士の存在しない戦後日本の幼稚園児には、そういうことが分らぬから核シェルターという発想は思い浮かばない。それが戦闘意識もないが防衛意識もない平和ボケ頭を作り出してしまったのである。

武士と市民とは「私」で考えることができたことでは同じだが、その構造の違いは本文で述べる。しかし戦国時代・江戸時代にキリシタン禁教令が出されたのは、キリスト教が市民思想、つまり武士思想に類似したものを持っていることに気づいたから彼らは禁教令を出し、鎖国政策に走ったのである。

このことは江戸時代の身分制度＝士農工商とともに徹底的に教え込まれ、それはまた農工商の識字率の高さを生み出すことによって、幕府の洗脳政策の成果となった。つまりそういう政策によって江戸時代の平和、安定が図られたのである。その意味において鎖国政策はよかったが、人は戦争がないと考えない、という欠陥を日本人に植え付けてしまった（生命というものは、互いに食い合うから進化してきたという一面を持つものであり、江戸時代の平和はその意味で進化を遅らせてしまったのである）。が、これには大きな問題を孕んでいる。士は農工商（特に農）の支配者であるが、西洋の封建制との決定的違いは、日本はガラパコス的島国であるが故に、武士は農民に食わしてもらうしかないという現実があった。それはアメリカでは建国時、白人に逆らう原住民を虐殺し、代わりに黒人奴隷を輸入するなどの発想が日本では成り立たなかったことを意味する。つまり武士は農民に過酷に接することができなかった。農民は言わば武士に支配されながら、彼らを食わせてやるという奇妙な囲われ者（妾）の平和が、江戸期二百六十年も続けば、日本人の歴史的古層に「囲われ者はそう悪いものじゃない」という思想がまれても不思議はない（なお、この囲われ者〔妾〕思想はあくまで学術的なものであると同時に、ある意味日本独特のものであるから、敢えてこの表現を用いた）。

さらに囲われ者農民は、囲われている限り「考える」能力を発達させる必要がなかったから、彼らは「村」の秩序を破らせぬための掟としての道徳を持てばいいだけで、それによって「私たちは考えない、故に私たちは正しい」の下に、それを仲間（「村」人）の「空気」として行き渡らせ、その掟（空気）を破る者を「村」八分にすれば「村」は安定化することになった。そしてこの「私たちは考えない、故に私たちは正しい」の「空気」の世界は江戸期を通じて完全に歴史的古層化し、戦後の日本人の思考法にも反映している。

もし日本人に「私は考える」能力があったら、日本人は日本の歴史的古層から思想を汲み上げ、日本独自の国家を作っただろう。しかし戦後の日本人は旦那（アメリカ）から教えられた民主主義という「空気」を「私たちは考えない」妄思考の下で、「あーでもない、こーでもない」といって議論して、自分たちは「考えている」積りになっているだけなのである。それは所詮、旦那から与えられた妄憲法の下で、「妄民主主義ごっこ」にはしゃぐ幼稚園児でしかない。

それに関して明治期に書かれた『ベルツの日記』を引用させてもらう。

「現代の日本人は自分自身の過去については、もう何も知りたくないのです。それどころか、教養ある人たちはそれを恥じてさえいます。『いや、何もかもすっかり野蛮なものでした〔言葉そのまま！〕』とわたしに言明したものがあるかと思うと、またあるものは、わたしが日本の歴史について質問したとき、きっぱりと『われわれには歴史はありません、われわれの歴史は今からやっと始まるのです』と断言しました」

これは大東亜戦争を「間違った戦争」とし、「過ちは繰返しませぬから」と前史（前の旦那＝旧日本軍）を否定し、アメリカという新たな旦那の言う民主主義を疑いもせず（この空っぽ頭には驚かされる！）信じるのはベルツの言うとおりである。この思考法は江戸期を通じて日本人（武士は除く）の歴史的古層に囲われ者（妾）思考として定着してしまったのである。

それは大東亜戦争という、前の旦那の行った戦争に、当時、国民、新聞等も少なからず熱狂したにも拘らず、、負けて旦那が替わると、今度は新しい旦那に熱を入れるとはなんとも節操のない妾国民と言わざるを得ない。

そして戦後が妾国民による妾民主国家であれば、もし旦那であるアメリカに捨てられたら、今度は中国の妾にでもなる積りなのか。

こんな幼稚園児並みの日本人に何を言っても無駄だとは思うが、私は日本人の歴史的古層から考えて、士農工商的封建制に戻すべきだと考える。はっきり言って、日本人の、封建制より民主制の方が優れているという無思考（妾思考）性には呆れさせられる。西洋が市民社会であれば民主制の方がいいかもしれぬが、日本妾社会では民主主義は成り立たない。なぜなら西洋は長い歴史の末に民主制に至った、つまり歴史的古層に民主思想を成り立たせる「私」があるのに対し、日本人にはその「私」がなく、従って、民主主義を成り立たせる歴史的古層がない。あるのはかつての士の「私は考える」と、農工商の「私たちは考えない」との封建制だけである。つまり私の国家構想は基本的に、士に政治・軍事を委ねようとするものである(ちなみに私の構想は戦前の軍事国家を思わせるところがあるかもしれぬが、大東亜戦争の愚かさとは妾政治家・軍人と妾国民との合作である)。

民主主義をバラの花にたとえれば、西洋人はそれを種から育てたのに対し、日本人は竹にバラを継木しただけである。そんなものがまともな民主主義であるわけがない。従って、私は日本においては、竹である士を復活させ、政治・軍事を彼ら士民(彼らには選挙権に似たものを与え)に委ね、その他の囲われ者は平民(選挙権なし)とする案を一応私案としてこの書に盛り込んだ。はっきり言って、妾思想で平然としている「日本国」はどのような形にしろ、いずれ無くなるだろう。歴史はそうした事実を無数に示している。

ニーチェから見た資本主義論

目次

第一章　権力（力）への意志論

当初、私はこれを「権力論」として書いた。が、どうしてもその論では成立しない不備が出てきた。

権力論とは次のようなものである。

人類は有史以来人口増加（生殖本能）の問題で悩まされる宿命を負ってきた。その意味するところは、貧困層の増大（貧乏人の子沢山）であり、その問題解決に、権力は貧困層に武器を与え、兵士として他領を侵略することによって食糧（食餌本能）の問題を解決するとともに、貧困層の人口を減少させる（間引きする）ことで、問題を解決してきた。と言うより、権力とは、ヒトが内蔵している草食動物的集団ヒステリー（集団ヒステリーとは、生命の持つ力への意志としての盲目的生の上昇、といった意味である）に陥っている貧困層に武器を与え、肉食動物的集団ヒステリーに仕立て、兵士として戦場に送り出し、間引くと同時に、敵兵を間引くことによって、それの齎す価値（富）の拡大を行うところに生れたものである。そしてそこにおける間引き率の高さ——自国の兵士の戦死者に対し、敵国の兵士の戦死者の圧倒的多さ（これらの多くは武器革命によって齎された）——また、その戦争による富の収益率が高くなればなるほど、帝国化する傾向を持つことになる。

が、この論には不備があった。それは、たとえば今日のアメリカ帝国は、もはや食糧問題で悩んでいるわけではないにも拘らず、大規模な軍事力をもって、世界支配への権力への意志をもっているかに見えることである（それを一応私はここでは、闘争本能に由来するものとしておくが、それだけではない）。

ここで私は、草食・肉食動物的集団ヒステリー——両者の大きな違いは、草食動物とは草を食うだけで損害を与えぬが、肉食動物とは他の動物と殺し合う、つまりそこには損害を与える、という違いがある——という聞き慣れぬ言葉を含めて、権力とはなにか、そしてその権力とは、権力（力）への意志によって齎されるものであれば、その意志とはなんであるかを根本的に考えてみようと思う。なお、権力という場合、文字通り権力者というような意味合いの使い方をするが、それが、力という場合は、生命が生を上昇させようとする力というほどの意味である。そして力への意志、つまり生の上昇とは、生命における適者生存、弱肉強食的意味としての闘争的進化の世界の謂に他ならない。

私は権力（力）への意志を人類創世以前から考えてみた。むろん今日の宇宙創世はすべて科学的仮設にすぎぬが、私は宇宙を、無であると同時に無限に向かって膨張していこうとする四次元（時空世界）であり、その膨張する力が力（権力）への意志、あるいは生の上昇を生み出しているのではないか、と考えた。そしてそんな中に地球は存在し、そこに生命が生れたとすれば、それは生を上昇させようとする四次元身体（意識下の身体であるが、フロイトの無意識とは関係ない）を生きることになる。そしてその四次元身体は、理由は分らぬにせよ、自らの力への意志（生の上昇）のために他者を食《は》み、またそうした環境の中で、より生き残るために環境から情報を得、その情報を基に生を上昇させることによって、自らの身体を変異させ、環境により適応しようとしてきたのが生命進化であると考えた。それは「生存する」ために「食う」という力への意志であって、それは敵対するもの（食餌の対象等）を殺していくことだから、生命進化、力への意志には「敵を殺す」という、ある種のクズ性とでも呼べるものが付随することになる。少なくとも、私は生命進化の中にあるそうした性質を、善悪の視点を与えることなくクズ性と呼ぶことにする。

しかしヒトは言語を発明するまでに進化すると、それまでの生の上昇（力への意志）だけではなく、世界を言語という虚構（嘘）で価値化することによる、時間・空間（三次元）の世界をも同時に生きる存在となる。そのことは、ヒトは四次元身体を生きながら、同時に三次元身体という虚構（嘘）の身体をも生きる存在となり、その虚構（嘘）の時間上で考え、またその虚構（嘘）の空間でその考えに基づいて行動することもできるようになった。つまりヒトは四次元身体を生きながら、同時に三次元身体という虚構（嘘）の身体をも生きる奇怪な存在となったのである。そのことは、これまで生命は生の上昇だけを生きていればよかったものを、ヒトはそれと同時に、言語から成る価値と言う虚構（嘘）の世界を、その価値の拡大を求めて時間上を生きる存在になった、ということである。

この四次元身体、三次元身体をニーチェの言葉を借りて言うならば次のようになる。

「君はおのれを『我』（三次元身体＝意識）と呼んで、このことばを誇りとする。しかし、より偉大なものは、君が信じようとしないもの——すなわち君の肉体と、その肉体のもつ大いなる理性（四次元身体）なのだ。それ（四次元身体）

は「我」を唱えはしない。『我』を行うのである」(『ツァラトゥストラ』)。

この言葉をさらに彼の言葉で補えば「主体は虚構である」ということである。つまり主体=三次元身体は四次元身体に支配された言語(価値)による虚構(嘘)だということである。(ただし四次元身体は、環境から三次元身体の意識を通して四次元身体に四次元言語を下降・蓄積してできたものである)。別言すれば、「我」(「私」)などというものは存在しない(虚構、嘘だ)ということである。しからば「私」とはなにか。「私」とは言語を使用することによって、時間・空間上に三次元という価値からなる虚構(嘘)を生み出し、そこを生きる虚構の主体(存在)だ、ということである。

この二つの身体は、ヒトが言語化にまで進化したことで生れたものであるから、当然それらの身体は言語化されている。それは四次元身体によって、三次元身体という虚構の意識(言語)が生み出されている、ということである。

ヒトが四次元身体を持つということは、記憶(言語)が三次元身体から四次元身体に向けての深さを持つということである。それは三次元身体の表面である意識の下《した》(四次元身体)に記憶の深さ(記憶層)があり、その最も深いところを古層と呼ぶことにする(そしてそれが歴史化したものが歴史的古層である。）この古層は例えば、戦争体験者から聞いた体験談は記憶層の表面（三次元身体）の暗記的記憶にしかならぬが、実際、戦争を自らの身体（四次元身体）をもって体験した者の記憶（言語）は四次元身体と絡んで古層に下降・蓄積しているから、前者とは記憶の質がまるで異なる。それは肌（肉体）で戦争の惨劇を知る者と、知識だけの者との違いである。

そのことはまた、ヒトが地政学的、気候風土的、歴史的条件の下にあって、それらの条件下に長く暮らしていると、彼らの四次元身体は歴史的古層として固定化してしまう、ということでもある。それらの歴史的古層化を、ヒトは国民性、宗教性、民族性等と呼ぶが、問題なのは、ヒトがそうして歴史的古層に植え付けられた記憶は（暗記ではなく四次元身体と絡んでいるから）一朝一夕には改められぬ、ということである。そしてその記憶は、「私は考える」「私はある」という自己の存在証明に繋がっているから、ヒトが地政学的、気候風土的、歴史的に長年にわたって築いてきた歴史的古層は、容易なことでは崩れない。なぜなら、ヒトにとって歴史的古層こそ一般的意味での「私」に外ならぬから。

ところで、ヒトはサルから進化したものであるから、四次元身体にサルの本能から進化した本能的価値を内蔵しているはずである。本能的価値とは、生殖、食餌、闘争の本能に加えて、これから述べる群れ本能から成る価値である。そしてこれらのものの内、言語による記憶の歴史的古層化によって、本来もつべき本能的価値の性質が、地政学的、気候風土的、歴史的条件の下に長期に置かれると、それを変質させていく。生殖・食餌本能はサルもヒトもほとんど変わらぬが、闘争・群れ本能は、ヒトに進化し、言語化することで、サルのものそのままと言うわけにはいかない。

私は権力への意志を、闘争本能に由来すると一応書いたが、それが決して他の本能的価値と無関係でないことは、人口・食料問題がそれと無関係でないことからも明らかだろう。

ところで話を草食・肉食動物的集団ヒステリーに移せば、そもそも集団ヒステリーとは、サルから進化したヒトが群れ社会を営み、しかもサルの持っていた力(権力)への意志(生の上昇)を、ヒトも本能的価値として内蔵しているはずだから、この力への意志に集団的に嵌り込み、ヒステリー状態(生の上昇)に陥ると、そこではもはやいかなる虚構としての言語から成る理性(思想)も通用しなくなる。

私は、サルから進化したヒトはその性質を肉食動物的なものと、草食動物的なものとして、その双方を受け入れたのではないか、と推測する。理由は簡単で、ヒトがその双方を食するからであるが、その双方の動物の性質は著しく異なる。肉食動物は獲物を「狩る」ことによって生き延び、草食動物は基本的に「逃げる」ことによって群れの一部に犠牲を出すことで群れ全体を守ることにある。人類史を見る限りは、肉食動物的獲物を狩る戦争史であるが、ヒトは歴史に明らかに現われぬにせよ、草食動物的暮らしの部分もなければならない。なぜなら、戦争に明け暮れていたら、人類の存立そのものが成り立たなかったはずだから(この部分は分りにくいかもしれぬが、戦争という肉食動物的集団ヒステリーに陥った者同士の内の勝者が、敗者を奴隷として草食動物的集団ヒステリーに置き支配する、というようなことである)。

ただしヒトの生きる目的は、一般的に言えば、生存のための価値の拡大であるから、肉食動物的集団ヒステリーに陥った者は、そのためには手段を選ばず、どんな残忍、過酷なこともする(特に後に述べる神に憑かれたものは)。それは戦争は当然のことながら、ホロコースト(虐殺)、原爆投下も、権力への意志としての価値の拡大であり、ヒトはそれを躊躇《ためら》わず行うことができる。それはヒトが負った権力(力)への意志(価値の拡大)の下を生きなければならぬ宿命だ、ということである。それがどんなに残忍なもの、おぞましいものだとしても、ヒトはなおそれを宿命として受け入れねばならぬ星（天運）の下にあるのだ、ということである。すなわち、ヒトはどうしても権力（力）への意志のクズ性を生きねばならぬのである。

ここにヒトが戦争反対、核兵器の廃絶を叫ぼうが、またどんな立派な憲法を作ろうが、ヒトが宿命として負ってしまっている権力（力）への意志の下には、なんの役にも立たぬということである。むしろ思想とは、そうした権力への意志のクズ性の中から生れたものなのである。

それは古代ギリシャの民主思想にせよ、近代民主思想にせよ、それらは戦争というクズ性の中から生れたものなのである。つまり民主主義は戦争にもっとも強い政治思想だと思われたから、古代ギリシャに生れ、それがそうでなかったことが証明されたから、その後、廃れてしまったのである。それが近代に至って再び脚光を浴びはじめたのは、資本主義の富の下に、武器革命、および市民（暴力組織構成員）意識に基づく徴兵制（戦争への平等参加）とによって、もっとも強い軍事国家を作れたから再認されたに過ぎない。つまり民主主義とは、チャーチルが要約したように「最低だが、これしかない」程度のものなのである。

これはまた、価値の拡大であるはずの資本主義も、その内部に潜んでいる権力への意思の歪みの持つクズ性（不平等性）から、共産主義（平等）思想は生れたが、社会主義という政治システムが、むしろ価値の拡大を縮小させ（不平等を生み出し）てしまった結果、権力者は権力への意志をもって独裁・恐怖政治に走らねばならなくなったのである。ヒトは戦争でもない限り、平等を好まぬものであり――戦争に勝つためには、仕方なく自己の貪欲性を控えるものでありーーヒトは本来的に自己の権力への意志を拡大したいという利己的存在なのである。そしてそこにだけ「私はある」の実感を覚えることができるのである。そのことは人間とは、悲惨な難民のテレビ映像を見ながら、今、自分の食べている食事のうまさ、まずさの方がずっと気になる存在なのである。

最後に一言、四次元身体、古層（歴史的古層）、本能的価値（生殖本能、食餌本能、闘争本能、群れ本能）の関係について述べておく。これらはすべて本質的には一つのものである。

四次元身体とは、宇宙物理学的視点から（それは、以下の古層、本能的価値もそうであるが、本来、言語で説明することのできぬもの）であり、古層とは、言語の持つ記憶層の最深部にあるものであり、それは四次元身体と絡んで国民性、宗教性、民族性として言語化されたものであり、また本能的価値とは、サルからヒトに進化し、その本能が価値化されたものを生命の視点から見たものである。

第二章
なぜヨーロッパに資本主義、民主主義が起ったのか

地球上の生命は生の上昇（四次元身体）を生きているが、言語を持つまでに進化したヒトは、そこを虚構（嘘）から成る言語に基づく価値（三次元身体の言語）の世界とし、その拡大を生きることになった。その言語化された世界は、ヒトに価値（生をより上昇させてくれる食糧等）という恵みを齎すとともに、その言語によって価値化された自然に囲まれることで、その名づけられた他者（様々な自然物）によって、自己の存在証明（アイデンティティー）としての一般的意味での「私はある」の感覚を幽冥ながらもヒトは覚えるようになった。その自己に恵みを与え、存在証明を齎す自然の高い価値性を霊的なもの、神々的なものとみるのがアニミズム、多神教の世界（神話の世界）であり、その付与された霊性、神性を神的超越性と呼ぶ。このことは『ヨハネ福音書』の「はじめにことばがあり、ことばは神のところにあり、ことばは神であった」が示している（多神教と一神教との違いは後述）。

ヒトは権力（力）への意志（集団ヒストリー）を内蔵しており、また「私」

という存在は極めて利己的なものであるから、そこに人口増加、食糧難の問題が絡んでくると、必然的にそのための戦争が起る。古代地中海世界を含めて、多民族、多国家から成るヨーロッパ世界は、戦争の多発化地域となる。

古代ヨーロッパは、海による交易もあり、すべての地域において人口・食料問題が深刻であったわけではない。それは奴隷制が存在したことからも、明らかに彼らを養えるだけの食糧があったことを示している。だが、紀元前一二〇〇年頃にギリシャ、シリア、トルコ周辺地帯に乾燥化という気候変動が起り、そこから自然が失われるということが起った（安田喜憲著『蛇と十字架』より）。砂漠化である（この三地名には注意を要す。つまりギリシャにおける哲学、政治学の発祥。同様にシリア周辺におけるユダヤ・キリスト教。トルコ周辺におけるイスラム教）。そうなると自然物を霊、神々とするアニミズム、多神教は成り立たなくなる。そこでヒトは、神たり得るものはこのように自然を変えた天にある、と考えるようになった。そこに天に父なる唯一の神を見るユダヤ・キリスト教が起り、その神は生殖的自然であるアニミズム、多神教のもつ神的超越性を嫌い亡ぼし、一神教化していくことになった。戦争・砂漠化社会を生きる人々は、強い「私」でなければならなかったから、弱い神ではなく、強い神を欲したのである（その結果として強い軍事力を持つに至った）。ここに生殖的自然を嫌うキリスト教は、聖母マリアという神話を作り出さねばならなくなった。

ところで私は、ヒトは時間・空間上に三次元という、価値から成る虚構（嘘）の世界を作り出し、その時間上を生きることになった、と記したが、そうであれば、虚構（嘘）としての価値である神という存在について、今少し説明せねばならぬだろう。

ヒトは嘘（虚構）の世界を生きているから、常に嘘を（その自覚もなしに）つき、嘘に騙されて生きる存在である。そしてそれが価値の拡大の方向になされている時は、嘘をつかれているとは感ぜず、それが価値の拡大になされなかった時、嘘をつかれていると感ずるのである。それは日常あらゆる所に見てとれるものだが、通常、人は、ヒトの主体は虚構だ――ヒトの世界は嘘でできている――という視点で見ることはないから、あたかも嘘と本当とがあるように錯覚して生きている。ということは、神とは価値の拡大の方向に生きる「私」にとって、必要不可欠な嘘だということである（これは後に述べるが、神なしに「私」は存在し得ない。ただし「私たち」群れ社会を生きる日本人にはこれは適用されない）。

そのことは、ヒトは虚構（嘘）の主体を生きねばならぬ宿命を負ったが故に、聞き馴れぬ言葉だが、自己偽善という思想の下に生きねばならなくなった。この自己偽善は当然、偽善と無関係ではない。

偽善とは「本心からではなく、みせかけにする善事」（『広辞苑』）であるが、自己偽善とは、無意識に自己を価値の拡大に向かわせるために、まず自己自身を嘘で騙し、それによって他者をも自己の善事（嘘）によって、無意識に騙そうとする思想（偽善）である。

これはヒトの主体は虚構（嘘）だから、無意識に自己を騙すことができ、その見せかけの善事が、虚構（嘘）の他者にも、無意識に善事と見られることによって、自己偽善が成り立つのである。これが成り立つのは、同時にヒトが集団ヒストリー（集団的に価値の拡大に走ろうとする群れの性質）を内蔵し、また力への意志、あるいは生の上昇を生きたいという本能的欲求をもつ存在だから起るのである。これはヒトの営みのあらゆる所に、大なり小なり見られるものであるが、特に宗教（神話）の本質は、そこにアイデンティティー（「私はある」という実感）を伴うことでは、自己偽善そのものと言ってよいが、まずは分りやすい宗教以外の（実はこれも宗教なのだが、そう見えぬだけである）自己偽善から入る。

たとえばヒトラーのナチスの思想である。彼は自己の思想に価値があると信じた。それは言い換えれば、彼自身、自己の思想で自らを騙し、それに騙されたから信じたのであって、その信念は当時のドイツ国民に力への意志（生の上昇）の嘘（虚構）として共感され、彼らの肉食動物的集団ヒステリーに火をつけたのである。そこにおいて、戦争は悲惨なものである、などという理屈はなんの役にも立たなかった。これが思想のもつクズ性である。

またマルクスの共産主義思想もそうである。彼（そして彼の支持者）は、ヒトが自己偽善を生き、集団ヒステリーに陥る存在であり、人間生命が力（権力）への意志（生の上昇）を求める存在であることを一切考慮に入れず、ヒトが『資本論』が成り立つような知性的存在であることを、信じて疑わなかったことから、結果的に多くの人々が、ニーチェの言うところの「おのれを『我』と呼んで、このことばを誇りとする」理性（思想）のクズ性の罠に引っ掛り、悲惨な結果を生み出すことになったのである（ニーチェは自己偽善の絡繰《からくり》を直感的に知っていたと思われる）。このことは思想（自由、平等、人権等）とは、ヒトが四次元身体に宿命的にもつ権力（力）への意志というクズ性の上に成り立つものであって、それはそこに不自由、不平等、非人権といった土壌があることを意味する。すなわち、ヒトはいかなる思想を唱えようとも、権力（力）への意志というクズ性に戻っていくということである。マルクスにはそうしたことが一切分らず、また彼の支持者は彼のおとぎ話（自己偽善という嘘）を信じたに過ぎない。悪く言えば、マルクスのペテンはそれほど巧みだったということである。

話を宗教（神話）に戻す。ユダヤ・キリスト教（聖書）である（神話と宗教との関係は、神話は神の話〔たとえば聖書〕であるのに対し、宗教はその下に人々が信仰の対象として集ったものである）。

宗教（唯一神）は、すでに述べた自己偽善と原理的には同じである。つまり自己のヒトとしての苦しみ等から逃れるため、神という超越的虚構（嘘）を作り出し、その嘘を信じることによって、その信仰という価値の拡大によって苦しみから逃れようとするために、ヒトがヒトとして存在するためにごく自然に生み出されたものであるが、他と異なる点もある。それは他者（唯一神）が、自己の唯一の存在証明の拠り処だということである。つまり神なくしては（キリスト教徒としての）「私」は「無《な》い」のである。「私」の存在は神によってのみ「有《あ》る」ことが証明されるのである。それは神という嘘を作り出すことによってのみ、「私はある」という自己の存在証明が成立するわけであるから、「私」

から見れば、神の存在は自明の真理となる（ただし「私」も神〔キリスト教〕も持たぬ多神教の「私たちは考えない」日本人には、この理屈は通らない）。

すでに述べたように、ヒトは四つの本能的価値をサルから進化することによって内蔵している。それらを満たさねばヒトは生きていかれない。ところがユダヤ・キリスト教の場合、砂漠の宗教であると同時に、そこにおける戦争の多発化にあって、草食動物的群れ本能である「私たちは考えない」では生き延びられず、それを彼らは肉食動物的集団ヒステリーの下に「私は考える」に思想的に進化させていった。

ところがその「私」では、群れ本能的価値を保つことができず、生きることはできない。そこで彼らは宗教組織という疑似群れ宗教集団を作り出し、その中で「私はある」を生きて行くことを本能的に考え付いたのである。だから彼らの「私」と宗教との関係は極めて密接、と言うより宗教なしでは、彼らの「私」は成り立たぬのである（多神教、囲われ者の日本人は「私たちは考えない」から神〔キリスト教〕を必要としない。それは後に分るが日本人が、資本主義をマネすることはできても、生み出すことができなかったことに繋がる）。

古代キリスト教における自己偽善は、イエスという、ユダヤ教の律法を犯してまで、隣人愛を説くような優れた預言者の下に、多くの弟子、民衆が集まり、その力を恐れたユダヤ教徒が、ローマ帝国を動かし彼を磔刑に処したことに始まる。しかもイエスの教えを信奉した弟子たちも、共犯にされることを恐れ、逃げ出してしまった。しかし彼らは間もなく悟るのである。思想とは上っ面の立派そうな言葉ではなく、その思想を自らの死をもってしても実践しようとする言葉の持つ深さにあるのだと。弟子たちはイエスの教えを説くために立ち上がり、それによって殉教していく。弟子たちが説いた思想は、イエスは神の子であり、彼は復活することによって霊とともに天国へ昇天していった、それは肉体は亡んでも、霊は永遠であることを、人々に教えるために天が使わした神なのだというものであった。ここにキリスト教を信じる者は、永遠の命を得ることになるのである。この教えは当時の戦争社会を生き、死に直面していた兵士は言うに及ばす、病、飢餓等に苦しむ一般の人々にも受け入れられるところとなった。聖書にしばしば病からの回復、食糧難からの救済等の話が出てくるのはこのためである。たとえば、わずかな魚とパンとで群集四、五千人の腹を満たしたというような話がこれである。これは当時のパレスチナ地域が、食糧的に決して豊かでなかったことを暗示している。そしてこのことはイエスはわずかな魚とパンとで、多くの人々の腹を満たそうとしたから（今日の慈善活動のようなことを行ったから）、聖人化され、その記録が聖書になったのである。

ここで断っておかねばならぬことは、当時の人々には、今日の私たちがイエスの行ったことを不自然な、超自然現象として感ずるような奇蹟としては映っていなかった、ということである。私たちがそれらを嘘だと感ずるのは、私たちが自然科学的価値観によって洗脳され、それによって私たちもまた、その嘘によって騙され（ヒトはそれを自覚できるように作られていない）、その騙されている視点（価値観）で聖書を読むから、そこに書かれていることを嘘だと感ずるのである。それは「主体は虚構である」（ヒトの世界は嘘でできている）ということを思い出してもらえばよい。聖書の時代も現代も虚構（嘘）の世界なのである。

だから当時の人々が「イエスはこんなすごいことをする神のような人です」と聞かされても、現代人のような疑いを必ずしも持たなかった、ということである。

今一つは、死んだイエスの教えを弟子たちが自己偽善を通し、自ら使徒として死を賭してまで、イエスの教えを説いて回った彼らの心の問題である。実のところすでに述べたように、思想とは死を賭けても、それを実践しようとする言葉のもつ深さだと、と言うことは易しい。その意味を明らかにするには、他者（神）による自己の存在証明（アイデンティティー）としての「私はある」の問題が係わってくる。

ヒトは群れ社会を生き、言語的関係性の内に、他者によって「私はある」の実感を生きる存在である。他者が存在しなければ「私はない」。そしてヒトは「私はある」ことに最高の価値を感じ、「私はない」はそのまったく逆ということになる。つまりイエスの弟子たちは、それまで最高の価値であったイエス（他者）を裏切ることで、完全に他者（イエス）を失い、まさに自己の存在証明を失った「私はない」どん底状態にまで落ちてしまった、ということである。それを「私はある」に逆転させるためには、自己偽善によって、イエスの教えを説くことで彼と同体化する、つまりイエス同様の言動を行うことによって、自己をイエスの分身であるかのように自らを騙し、その自己偽善による価値の拡大の齎す「私はある」――イエスの教えを信仰する者は、永遠の命が与えられる――を実感できるようになったのである。これは他者（イエス）によって「私はある」の実感を覚えたものは、最高の価値（永遠の命）を生きることになり、これはもはや殉教をも厭うものではない。それはキリスト教信者となった兵士が勇猛に戦える源となったのである（これは日本の武士が主君のために切腹を行い、勇猛に戦えたのと同じである。だから武士はキリスト教が理解できたのである）。

ここにキリスト教の核心がある。それが広まったのは、人々が奇蹟という希望を持てる宗教だった、ということである。もし仮に、キリスト教徒が自己を善人化（自己偽善化）したところで、彼らがわずかな魚とパンだけで人々にそれ以上なにも与えることができなければ――つまり四、五千人の群集の腹を満たすというところまでは至らずとも、ある程度満足させることができなければ――キリスト教を信じる者は現れなかっただろう、ということである。そこにキリスト教の中心思想である隣人愛があり、彼らがその思想を実践したればこそ、彼らを信じる者が現われたのである。つまり正信のキリスト教徒は、その思想の下に全力を以ってわずかな魚とパンとで四、五千人の群集の腹を満たすよう努力した結果として、彼ら民衆の信頼を得るに至ったのである。そしてこれは大事なことだが、当時のパレスチナ地域は食糧難にあったとはいえ、まだそれを補うだけの余力があったということである（この余力は同時に、奴隷を養うだけの食糧があったということでもある）。そしてその隣人愛の思想は現代にまで続き、彼らが食糧、医療等の慈善活動を行っていることがそれを示している。

しかし不幸にしてキリスト教世界は戦争社会であった。従って彼らはキリスト教のもつ自己偽善による優越感によって、非キリスト教徒をなんの容赦もなく殺して行ったのも歴史の事実である。つまりそこにアメリカ原住民の虐殺、黒人の奴隷化、またナチスのホロコースト等を生み出すと共に、同時にそこにシュヴァイツァー、マザー・テレサのような人物を生み出すという、キリスト教の二面性を見い出すことになるのである。そしてこの二面性が、彼らの「私」の強い善悪の両面性をもって、世界を侵略していくことになったのである。それがキリスト教のもつ権力への意志のクズ性と、そこから生れた隣人愛という思想の両面性である。

キリスト教世界が戦争社会であることはすでに述べた。その意味するところは、半ば苦しみ、悲しみが日常化し、それを癒すために、神による自己偽善（自己を騙すことによって自らを癒す）という宗教が必要になったのは無論だが、それは同時に侵略の口実ともなった（近くはイラク戦争）。そのことは彼らの世界は、「私の正しさ」を神による自己偽善によって正当化し得る世界であったから、たとえばヨーロッパ人がアメリカ建国に際して行った数々の残虐行為、またイギリスのアヘン戦争以来の百五十年以上にわたる中国領土の植民地支配――これに関しては香港返還を前にクリストファー・パッテン総督が日本人記者団の「謝罪はしないのか」という質問を歯牙にもかけなかったこと――、さらにすでに述べたナチスによるホロコースト等にも現われている。そしてそれらを単純に悪と見る戦後日本人の幼稚園児並みの「私たちは考えない」頭には、自己偽善という、「私は考える」キリスト教思考の本質が分らない。つまり「私」を騙すという自己偽善がまったく分からぬ日本人は――大東亜戦争の侵略に対する（それが善悪の問題ではなく、権力への意志のそれだということが分らぬ頭には）――戦後の「お詫びと反省」（東京裁判史観による洗脳）に始まり、従軍慰安婦報道をする新聞社、さらには憲法九条にしがみ付く人々等、多岐にわたる。

それはたとえば、ナチスのホロコーストを西洋人が悪と断罪したのは、日本人の感覚とはまったく異なるということが分らない。西洋人は日本人が考えるような善悪の価値観で判断したわけではない。それは西洋人がキリスト教の歴史的古層にもつ虐殺史を、一瞬にして一挙に見せられたからギョッとしただけであって、そこに日本人の抱くような悪を見たわけではない。言い換えれば、キリスト教の表看板である隣人愛が単なる自己偽善によるものであって、実はその裏看板がこのようなものであったことを一挙に見せられたからである。

キリスト教の驚くべきことは、神の保証さえあれば黒いものも白くなる、ということである（ナチスの思想の本質はそれである）。彼らはそれほどまでに自己を騙せたということであり、それは同時にそれほど騙さねばならぬ苛列な社会を生きてきた、ということでもある。

日本においてキリスト教にもっとも近いのは、中世に起った親鸞による浄土真宗だと思われる。が、それでも親鸞の「善人なをもて往生をとぐ、いはんや悪人をや」をもってしても、キリスト教の自己偽善には遠く及ばない（それでも彼らは、阿弥陀仏による自己偽善によって一向一揆を起せるまでに、宗教の持つ自己偽善性に近づいていった）。

そも西洋人には、本質的意味において日本人的善悪の価値観はなく、神によって自己を「正しい」とした者は、あくまで「正しく」なってしまうのであり、彼らにとって「正しい」ものは、かなり直線的で独善的な（日本人から見れば）ものになってしまう。彼らにとって、アヘン戦争も、アメリカの黒人奴隷も、原爆投下も「正しい」のであって、それを彼らにとやかく言っても意味がない。なぜなら神が保証しているのだから。

彼らは、日本人のように大東亜戦争に敗れたからといって、それを「間違った戦争」だと言ったような思考はしない。

それは英軍の捕虜となった会田雄次が、その著書『アーロン収容所』で次のように記していることからも明らかだろう。

「あるとき、私たちの作業指揮官の将校と英軍中尉と話がはじまった。……私たち将校は、／『日本が戦争を起こしたのは申し訳ないことであった、これからは仲良くしたい』／という意味のことを言った。どのように通じたのだろう。英軍中尉は非常にきっとした態度をとって答えた。／『君は奴隷《スレイブ》か、奴隷だったのか』／楽天家らしい彼が、急にいずまいを正すような形をとったので、私はハッとした。この言葉はいまでもよく覚えている。もっともスレイヴというのはそのときすぐには聞きわけにくかった。奴隷という言葉がわかったときも『貴様らは奴隷だから人並みに謝ったりするな』ということでおこったと思ったのだから、私の聞きとり能力も心細い話だ。しかし、次のような説明を聞いてやっと意味がわかった。／『われわれはわれわれの祖国の行動を正しいと思って戦った。君たちも自分の国を正しいと思って戦ったのだろう。負けたらすぐ悪かったと本当に思うほどその信念は頼りなかったのか。それともただ主人の命令だったから悪いと知りつつ戦ったのか。負けたらすぐ勝者のご機嫌をとるのか。そういう人は奴隷であってサムライではない。われわれは多くの戦友をこのビルマ戦線で失った。私は彼らが奴隷と戦って死んだとは思いたくない。私たちは日本のサムライたちと戦ったことを誇りとしているのだ。そういう情けないことは言ってくれるな』……もっとも、この英軍中尉の言葉をきいて私が感じたのはそういうことだけではない。ヨーロッパ人には、いったん自分がとった重大な行動の責任は、どんなことがあってもなくならないとする考え方がある。また一度やりだしたことは都合が悪くなっても、いや悪いと思っても断じて曲げない方が立派で男らしいのだという考え方も、私たちの想像以上に強く深く広く根を張っているようである」

これは囲われ者（奴隷）思考をする会田には、英軍中尉の言うことが理解できなかった、ということであり、それは旦那（主人）思考をする英軍中尉にも、日本人将校がなにを言っているのか分らなかった、ということである。つまり西洋市民である「ヨーロッパ人には、いったん自分がとった重大な行動の責任は、どんなことがあってもなくならないとする考え方がある。また一度やりだしたことは都合が悪くなっても、いや悪いと思っても断じて曲げない方が立派で男らしいのだという考え方も、私たちの想像以上に強く、深く、広く根を張っているようである」の意味が会田には分らなかった。つまり彼には西洋人の思考法の基本が分っていなかった、ということである。それはキリスト者デカルトの「私は考える、故に私はある」の意味が分っていなかった、つまり彼ら群れ本能的価値を失った「私は考える」は、神の保証によって、初めて「私は考え「私はある」ことができるのである。このことは「私は考える」は神の保証によってなにがあっても一本道であり、右にも左にもブレぬということである。

これに対し、戦中・戦後の日本人は「私たちは考えない」妾頭(要は草食動物的「逃げる」集団ヒステリー)であって、旦那(主人)が代われば妾(奴隷)はただ新たに躾けられるだけである。つまり旦那の「空気」を読んで、右にも左にもブレるのが日本人だということである。(それは『ベルツの日記』で述べたことである)。このことは、英軍中尉は「悪いと思っても断じて曲げない方が立派で男らしいのだ」と思って、右にも左にもブレなかった訳ではない、ということである。それは単に、西洋思想を理解しなかった会田の誤解である。

ところで英軍中尉は、日本人将校に対し「サムライ」という表現を用いているが、実はそのことは、武士道とキリスト教とは極めて近い関係にある、ということである。それは明治維新、多くの武士がキリスト教徒になったことからも明らかだろう。

ところでこれ以上、妾頭に語っても仕様がない気もするが、一応、妾頭のなんであるかを述べておく。日本においても中世、武士（「私」で考える人）が存在し、一向一揆という宗教戦争に近いものも起った。この状態はかなりヨーロッパに近かったと言えよう。しかしそれが徳川幕府の天下となり、上級武士、および宗教は形骸化していった。つまり身分社会（士農工商）が定着し、ほとんど誰も考えない――考えたのは下級武士だけだったのは、幕末・明治維新によって明らかになる――という時代になってしまったのである。そこで徳川幕府が行ったのは、農工商を「私たちは考えない」空っぽ頭の妾として躾けることであった。事実、彼らはそのように躾けられ、それが日本人一般の歴史的古層となり、それが戦後へと繋がっていくのである、例外は、幕末のいわゆる志士といわれる武士だけである。

明治維新の武士出身の政治家は、国家を作るため富国強兵策を取ることによって、国防政策、資源獲得、貧民救済のため朝鮮半島への侵略を余儀なくされた。それを戦後の、歴史的視点を持たぬ妾頭は、侵略＝悪という「村」社会道徳価値観でしか判断できなかった。もし侵略していなければ、大東亜戦争には至らなかったかもしれぬが、日本は完全に西洋列強の植民地になっていただろう。

とにかく、武士出身の明治の政治家は、国民（農工商）という囲われ者を軍人へと躾けていった。そしてその軍人たちは、武士の「私」を持つ政治家の手綱の内にあるうちは良かったが、時代が大正に入る頃には、その手綱がなくなることによって、「私たちは考えない」空っぽ頭の妾軍人になってしまった。それを丸山眞男の表現を借りて言えば「何となく何物かに押されつつ、ずるずると国を挙げて戦争の渦中に突入したというこの驚くべき事態は何を意味するのか」（『超国家主義の論理と心理』）ということになる。

そして戦後である。戦後になったとはいえ、歴史的古層はそのままであり、妾は妾である。ただ傷つき、戦争と軍隊との二文字に脅える妾だという違いがあるだけである。だから戦後日本人の妾頭は平和憲法、自衛隊にしがみ付くのである。つまり歴史的古層の農工商の囲われ者思考（「私たちは考えない」）に縛られているから、一切考えることをせぬのである。逃げられさえすれば、自分の主人が誰であるかなどどうでも良いのである。そうであれば、こうした妄頭に語りかけても意味がない。いずれ日本は侵略を受け、多くの死者を出すことによって、ようやく今が江戸時代ではなく戦国乱世であることに気づき、平和憲法、自衛隊がなんの役にも立たぬことを認識できるようになるかもしれない。

ただここで、西洋人の思考法というものについて、一つヒントを与えておく。まずすでに挙げた丸山である。彼は戦後、逸早く「間違った戦争」観を打ち出し、日本人に支持された思想家である。しかし彼はその戦争に従軍しているのである。何となくずるずると国を挙げて「間違った戦争」の渦中に突入しているこの驚くべき事態が分っていながら、ただ傍観するに止まらず、徴兵に応じているのである。彼は犬のように傍観し、従軍したのである。

彼は政治学者でありながら、西洋の国民国家というもの、愛国心というものがまったく分っていない。これは彼がキリスト教というものの意味を、まるで理解していなかったことを意味する。

一死報国というと誤解されそうだが、自国が間違った戦争に走り、亡びようとする時、それを傍観し、従軍するとは「武士の風上にも置けぬ奴」とは言わぬが(彼は武士が嫌いだったから)、少なくとも「義を見てせざるは勇無きなり」

(『論語』)とは言える。西洋は国民国家であり、「私はこう考える」と考えたらそれは一本道であり、当然抵抗運動《レジスタンス》に加わるなりするだろう。彼には国民国家の自覚がまったくなかったのである。国民国家とは、「私」が国を保つ(守る)という意識——だから徴兵制が取られるのであり——の下に成り立つ政治思想であり、そのためには、一命をも投げ捨てなければならない。それはルソーの言う「そして統治者が市民に向って『お前の死ぬことが国家に役立つのだ』というとき、市民は死なねばならぬ」(『社会契約論』)が、妾頭である日本人には理解できない。国民国家とは、ルソーの言葉を基本としているということが。

そのことは、丸山は妾の知恵で戦後、勝ち馬に乗っただけだということである(ここに戦後の言論の自由が、無責任の体系の不毛性の上に成り立っている謂れがある。少なくとも、西洋では彼のような思想家は、生卵を投げつけられることはあっても、尊敬はされない)。彼には、国家における国民の「責任」というものが、まったく分っていなかった。言い換えれば、彼は戦後になって「軍国支配者」の「無責任の体系」と言って彼らを批判するのではなく、戦前において、彼らに向かって「お前たちは無責任の体系者だ」と言うことが、彼の「責任」だということである。つまり国家、国民のために一命を賭して物申すのが責任だ、ということである。あるいはまた、抵抗運動に走ることもそうである。それが出来ぬのであれば、戦後、勝ち馬に乗るような浅ましいまねはすべきではなかったのである。要するに彼の思考法は、草食動物的「逃げる」「私たちは考えない」囲われ者の発想だったのである。それは少なくとも、かつての武士は一命を賭して主君に諫言し、そのため多くの武士が腹を切らされていることを考えれば分ることである。ここに武士であった（国を守るという意識のあった）三島由紀夫が彼を嫌った理由がある。

ところで、ヨーロッパに資本主義、民主主義が起ったのは、基本そこが戦争社会であり、奴隷制（植民地政策も含む）、キリスト教を生み出したことに原因がある（これは重要なことなので繰り返すが、ヨーロッパにキリスト教が生まれ、奴隷制があったということは、そこにキリスト教〔隣人愛〕を成り立たせるだけの食糧、また奴隷を養えるだけのそれがあった、ということである）。

そのことを取り敢えずいえば、奴隷とは別言すれば、労働商品というモノであってヒトではなく、それは後のアダム・スミスの労働価値説および分業の概念に繋がって行く。つまり彼らはヒトではなくモノだということは、それは単なる労働価値であり機械だということである。そしてそのことはヨーロッパ戦争社会において、ヒトから労働商品化したモノは、その後のヒトの機械化の世界に繋がり、またそこにおいて戦争に勝つための効率性から生れた生産性の高い分業による武器製造等の価値を産み出すことになったのである。

それはまた、ヨーロッパ戦争社会において「私」化が起ると共に、その「私」を群れ本能的価値の中に納めるために、キリスト教が起ったという事実である。

そのことは実質キリスト教内における「私」化とは、共感性価値観を持たぬが故にモノ化しているということであり、それをして彼らに労働を根源的に厭わせる理由ではないかと思われる。

そうした社会において、ルネサンス期における古代ギリシャ哲学の「私は考える」思考法（特に数学。そこも戦争社会であった）が入って来ることによって「私」の地位に対して、神へのそれを弱めるような哲学、自然科学が台頭してきたという事実である。別言すれば、キリスト者デカルトの「私は考える、故に私はある」は、パスカルが批判したように、実質神なしに独立して「私はある」ことであり、その神なしの「私は考える」ことこそ悪魔の思考であって、そこから自然科学（自然というモノを「私」というモノが殺してもよい学問）、産業革命、資本主義へと発展して行くと同時に、その先に原子爆弾のようなものが産み出されることになったのである。

取り敢えずでいえば、これらの要因によって資本主義が生れ、やがて民主主義へと至るのである。

このことは、たとえばイスラム教圏、中国大陸、日本に、資本主義、民主主義が起らなかったことを説明してくれる。

イスラム教圏で言えば、たとえ奴隷制があったとはいえ、イスラム教とはあくまで信仰の宗教であり、デカルトのような「私」の入る余地はない。

また中国大陸は基本において（その北方において）不毛の大地であり、歴史的に常に人口過剰と食糧難とに悩まされてきた土地だということである。そのことは、西洋のように奴隷制の発達を促すこともなく、従ってキリスト教のような宗教を生み出す余地もなく、虐殺と間引きとが日常化していた、ということである。

そのことは、戦前、日本軍が南京で三十万人を虐殺したという嘘がスラスラと出たことが証明している。つまり彼らの歴史的古層には、虐殺が当り前だという歴史があるのである。それは図らずも、天安門事件、また死刑の多さが証明している。

さらに間引きについて言えば（詳述はしないが）中華文明に宦官という制度

が発達したのも、また近代における「一人っ子政策」の本質もそれである。

またさらに日本について言えば、すでに述べたように戦国時代までは、ある意味（キリスト教という一点を除けば）西洋とそれほど変わらなかった。それは西洋的発想からすれば、秀吉の朝鮮出兵は自然だということである。つまり権力への意志、価値の拡大からすればそれは当然だということである。彼にはヨーロッパの大航海時代における世界観があった。それを今日の言葉で言えば、グローバルな視点があった、ということである。

ところが、その後天下を統一した家康にはそれがなかった。なぜなかったのかと言えば、日本は島国であり、天下統一とは世界統一と見なし得たからである。その世界統一観で幕藩体制を維持すれば、徳川家は安泰だと考えたのである。しかし彼の誤算は――と言うより、そんなことは誰も考えようがなかったが――西洋の軍事力の拡大である。それが日本人の知る幕末・明治の歴史である。このことはある意味、家康によって今日の日本人の歴史的古層が形作られてしまった、ということである。

彼が幕藩体制において成した最も重要なことは、士農工商の身分制度である。この身分制度が保たれることによって、上級武士および農工商の歴史的古層から一切「私は考える」という思考法が失われてしまったのである。その結果が、幕末・明治の歴史であり、戦後日本人の囲われ者思考である。

戦後、日本人が「私たちは考えない」囲われ者思考であるにも拘らず、経済成長できたのは、江戸期に作られた歴史的古層（農工商）によるものである。

家康は戦国時代（戦争社会）を止めようと思ったから、分業による鉄砲作りを止めた。このことは、分業とは戦争思想と密接に絡むものだということである。つまり西洋人は分業によって多量に生産された商品の販路として植民地政策を取ると共に、その販路開拓には軍事力が必要になった、ということである。

これに対して分業を止めた日本人は、職人（工）の道を歩むことになる。このことは物作りの技術を発展させ、物の節約（モッタイナイ＝物を多量に生産できぬから）思想を生み出し、勤勉な労働思想を歴史的古層に齎した。そしてこれらのことは当然、農民にも求められた。と同時にこれらの思想は、日本列島は限られた土地であるから、自然を大切にしなければ生きていかれぬという思想を生み出し、それと共に勤勉な労働という価値観を余儀なくされた。ただし余儀なくされたという意味は、西洋のように苦痛な労働を強いられた、ということではない。

キリスト教には、人は罪を犯したから、その罰として労働を課せられるという思想があるが、実はこれが嘘であるのはすでに述べた通りである。ヨーロッパは昔から「私」(戦争)社会であり、労働はモノ化した「私」の孤独な作業であったから——だから後に分業という孤独な労働思想を生み出せたのであり——そこに労働者の共感性共同価値観(仲間意識)というものは生れなかった。

例えば、ある日本人が驚きとして語っていたことだが、フランスで郵便局へ行ったところ、二つの窓口の内、一つの窓口には行列ができ職員が働いているのだが、他の窓口には客はおらず、職員二人がお喋りに興じていたというのである。それで誰も文句を言わぬのである。それがフランス人の人権である。

ところが江戸時代、農民がそんなことをやっていたら生きて行かれない。互いに助け合わなければならない。これが日本「村」(仲間)社会の掟であり、掟を破る者は「村」八分にされたのである。そしてこれが歴史的古層化され、今日に至ってもなお、「村」(仲間)の「空気」の読めぬ者は「村」八分にされる、という思想に繋がっているのである。もし日本の郵便局であれば(それが時間外労働であっても)、他の二人の一人が窓口に立ち、他の一人が郵便物の仕分けにあたる等の作業に当るだろう。このことはしばしば言われることだが、日本人は一人ではたいしたことないが、三人集まると力を発揮するというのは、このことを意味する。そしてこの三人の日本人が夜の酒場に繰り出すのは、日本の日常風景である。

さらに江戸期には、すでに述べた思想とともに商いの思想も身につけていた。それら歴史的古層化したものが戦後、日本経済を牽引することになったが、敗戦によって士(武士)に当る政治の領域がまったく空洞化してしまったことである。戦前の日本には「考える」ことのできた人もいたが、戦後は皆無といってよい。

「考える」とは「私」の視点を持つ——それには「私」の命がかかっている——ということである。ところが、戦後の日本人の囲われ者は空っぽ頭だから、たとえば西洋思想を暗記(マネ)し、それを自分の空っぽの歴史的古層において並べ替えることが「考える」ことだと勘違いしている。そんな頭で考えてもなにも分らない。それでは福沢諭吉や西田幾多郎の思想のなんであるかは理解できない。福沢は武士の「私」で西洋文明を解釈し、西田は哲学が分らなかったから禅の「無」という視点を取り入れたのである。この意味するところは、「考える」とは、視点を持つということであって、空っぽ頭の不毛な暗記では、不毛な思想しか生み出せない。

さて、西洋思想、日本人の思考法についてざっと述べたが、いよいよ資本主義、民主主義である（ちなみに、民主主義は「最低だが、これしかない」程度のものであって大したものではない。それは古代ギリシャの民主主義が示している通りである）。

まず資本主義であるが、それが西洋に起った基本として押えておかねばならぬのは、すでに述べたことに加えて次のことである。

ヨーロッパが戦争社会であり、しかもそこに奴隷制が成り立つほどの食糧があり、それがまた同時にキリスト教を生み出し、さらに「私は考える」哲学を育んだことである。ここで一言、付言しておけば、私の資本主義論は、マックス・ウェーバーの『プロテスタンティズムの倫理と資本主義の精神』とはまったく関係がない。ウェーバーの著作は、彼がキリスト教徒であったが故に、彼の「私」の視点、つまり単眼で書かれたのに対し、私は複眼、言い換えれば、キリスト教徒の外（七十歳のニヒリスト）から眺めることができたことである。

誤解を恐れずに言えば、資本主義とは、いわゆる経済学と言われる学問がカバーしている領域とほぼ一致する。そう考えるが故に、まずそこから入って行く。

まず日本人が分っていないことは、economy（以下エコノミーと記す）を経済と訳したことは特に問題としないが、経済が経世済民から取られたものであっても、経世済民とエコノミーとはなんの関係もないことである。つまり経世済民の意味でもある「世の中を治め、人民の苦しみを救うこと」とエコノミーとは、本質的にまったく異なるものである。言い換えるなら、エコノミーにそんな視点はない――その背後には権力への意志、価値の拡大が働いている――ということである。

日本の経済学書を読むと、その歴史は凡その書がアダム・スミスから始まっている。そして私がそこで特に重要だと思うのは、すでに述べたように労働価値説と分業との概念である（私は彼の「見えざる手」にはなんの関心もない）。しかしどの書を読んでも、なぜ彼がそれらの発想をしたのかには触れていない。つまり彼の歴史的古層を明らかにしていない。

私が彼ら西洋人の歴史的古層としてもっとも問題とするのは、彼らキリスト教内の「私」、それもかろうじて神に支えられた「私」だと言うことである。これを逆説的に言えば、神に縋《す》がらなければ生きて行かれぬと言う現実があった、と言うことである。だから彼らの信仰心は強かったと同時に強欲でもあった。

そしてそうした歴史的古層の内に奴隷思想があり、さらにそこに自然科学的思考が入って来ると、自然も人もモノとして奴隷化しようという視点が生まれてくる。つまりそうした視点を持った資本家という存在は自然も労働者も、それらを奴隷というモノと見るようになったのである。そのときそこからもっとも資本を取り出す効率的手段として分業化に思い至り、そこから出来るだけ多くの労働価値商品を取り出そうとしたのが資本主義である。しかしこの多量に産み出された商品は売り捌かねばならない。それが軍事力を背景にした植民地主義である。

さらに資本主義が発展した理由として、それが貨幣経済であったという事実である。

ヒトは今日まで貨幣の意味をまったく理解せずに使用し続けている（ある意味、呆れるほど理解していない）。

私の経験談から理解してもらいたい。

私はあるスーパーに買物に行き、肉、野菜等を買物籠に入れ、一万円札を持ってレジに立ったとき、突然、不安に襲われた。それは店員が「『お客さん、ふざけないで下さいよ、それ紙切れじゃないですか。そんな物と交換できると思っているんですか』と言われるのではないか」というものだった（むろん理屈では分かっているが、私が問題としているのはそんなことではない）。その不安は何度か起り、私はその不安の原因を考え、また貨幣に関する書物も読んだが、答は見つからなかった。

ようやく見つかった答は、ヒトが「嘘つきごっこ」（ニーチェの「主体は虚構である」）の世界を生きているから、自分が日常的に言葉（価値）という嘘をついているという自覚が持てぬのだ、という事実に気づいたときである。つまり私に理解できなかったのは、ヒトはどうしてそんな嘘の世界を生きることができるのか、ということだった。すなわちヒトは、あたかも「嘘と本当とがあるかのような嘘」の世界を生きているから、自分が「嘘つきごっこ」の世界を生きている、という自覚がどうしても持てぬのだと。持ったら人間であることの破綻である。その破綻がニーチェや私のニヒリズムである。

それはまた言い換えれば、私たちが動物（生命）の視点（感覚）を持っていた、ということである。それはニーチェが「力への意志」と言い、私が「生の上昇」と言ったのは、生命（動物）の感覚から眺めた視点だということである。

正直、ここへ来て改めて呆れるほど、ニーチェや私の思想が、人間という生き物には理解できぬものだということに気づかされた。そこで話をちょっとそちらへずらす。

なぜ理解できぬかと言えば、彼ら人間には、意識という最低にして、薄っぺらなものでしか考えることができぬからである。ニーチェは言う。

「意識にのぼってくる思考は、その知られない思考の極めて僅少の部分、いうならばその表面部分、最も粗悪な部分にすぎない」

人間にはニーチェの言うような認識ができぬのである。つまり「知られない思考」のなんであり、なに故に「意識にのぼってくる思考は……最も粗悪な部分にすぎない」のかが。だから彼は超人思想という、上からの目線で人間という末人《まつじん》を見るしかなかった。

だが、ニーチェの言うことが理解できずとも——私は人間に理解できるとは思っていない、狂うこと（ニヒリズムに陥ること）を覚悟で思考するのなら別だが、なぜなら、人間は意識という粗悪な部分で考えるしかないからだが——なぜ人間に理解できぬのかは分かってもらいたいので、ここでそのことについて余談かもしれぬが差し挟む。

まず、すでに挙げたニーチェの『ツァラトゥストラ』を再び引用する。

「君はおのれを『我』（三次元身体＝意識＝記憶層の表面）と呼んで、このことばを誇りとする。しかし、より偉大なものは、君が信じようとしないもの――すなわち君の肉体と、その肉体のもつ大いなる理性（四次元身体＝本能的価値＝古層）なのだ。それは『我』を唱えはしない。『我』を行うのである」

そのやや後に次のような文章が続く。

「だが、感覚と精神は道具であり、玩具なのだ。それらの背後になお『本来のおのれ』がある。この『本来のおのれ』は感覚の目をもってたずねる。精神の耳をもって聞くのである。／こうして、この『本来のおのれ』は常に聞き、かつ、たずねている。それは比較し、制圧し、占領し、破壊する。それは支配する、そして『我』の支配者でもある。／わたしの兄弟よ、君の思想と感受の背後に、一個の強力な支配者、知られない賢者がいるのだ、――その名が『本来のおのれ』である。君の肉体のなかに、かれが住んでいる。君の肉体がかれである」

ヒトは進化により言語（価値）を持つことで、意識（三次元身体の言語）というある意味薄っぺらな（記憶層の表面）世界を生きることになった。つまり粗悪な暗記、洗脳による価値（三次元身体の言語）という嘘の世界で「嘘つきごっこ」をやることが「考える」ことだと人間たちは考えるに至った。しかしその嘘の背後には「一個の強力な支配者、知られない賢者がいる」のである。それが「肉体の持つ大いなる理性」という四次元身体、本能的価値、古層である。ところが意識の表面という粗悪な部分を生きるヒトにはそれが分らない。つまりそこには、ヒトの価値（三次元身体の言語）を脱落したニヒリズム（四次元身体＝力への意志）の世界があるのだということが。だから私は、草食・肉食動物的集団ヒステリーという動物の視点（四次元身体）を持つことを可能にしたのであり、それはまたニーチェが『ツァラトゥストラ』でしきりに動物（獅子、蛇、駱駝、驢馬、鷲等）を持ち出したのは、単なる比喩ではなく、彼もそうした視点を持っていたからに外ならない。そして持っていたからこそ、彼は「力への意志」ということができたのである。

ニヒリストは（動物同様）価値を持たない。つまりニヒリズムに陥るとは、人間の状態ではない。それは三次元身体ではなく、四次元身体の状態にある、ということである。だから必然的に「狂う」のである。だが、その状態は価値（三次元身体の言語）を持たぬから、価値の世界を生きるヒトとは違った視点（四次元身体）で見ることになるから、「力への意志」ということができるのである。

ニヒリストは確かにヒトとしては破綻だが、あらゆる視点から世界を見ることができるのである。

そこから超人・ニーチェは「主体は虚構である」（これは末人である人間にはまったく理解できなかった）と言ったのである。それはヒトは価値（言語）という嘘の世界を生きているのだ、ということ、すなわち、ヒトは「嘘つきごっこ」の世界を生きているのだ、と言うことである。そしてその嘘は自己についても吐《つ》かれ、自己を騙す自己偽善を生きるのが、ヒトという存在なのである（むろんその根には力への意志が働き、それが進化によって価値〔言語〕という嘘〔三次元身体の言語〕の世界を生み出したのは言うまでもない）。そのことは人類が生み出した文明とは、すべてが自己偽善を通して価値の拡大（嘘）の方向に「創造」し、かつまた価値の拡大という嘘の方向に「破壊」してきた、ということである。文明の創造と破壊（戦争等）とは、自己偽善という嘘の下に生きねばならぬ人間の宿命なのである。

話を戻そう。

私が、貨幣が成り立つのは、ヒトが「嘘つきごっこ」の世界を生きているからだ、という結論に至ることになった一万円札で、なぜ商品を購入することができるのか、という不安は、実は私が動物の視点(「本来のおのれ」＝四次元身体)を持つに至ったからである。それはどんな動物でも、一万円札よりは、肉や野菜を選ぶだろう。そのことは一万円札には、この紙切れには一万円の価値があるという嘘が記されている、ということであり、その嘘を保証するのが、日本国政府という、これまた嘘だ、ということである。ヒトはそうした「嘘つきごっこ」の世界を、疑いもせずに生きる存在なのである。

　これはある意味、ヒトはニーチェも言うように極めて粗悪な世界(三次元身体)を生きているということである。親や学校、また民主主義や経済学などといった嘘を吹き込まれ――その点、学者などは最悪の大法螺吹きであり――さらに「嘘つきは泥棒のはじまり」という嘘、また法律を守らないと犯罪者になるという嘘に騙されているのが人間なのである。そして資本主義社会においては、朝から晩まで金のことを考えさせられ、心配させられ、金の奴隷となって働いているのである。それは政財界の大物と言われる人物が、ちょっとした嘘をつくと人々は不安になり、それに対して経済学者と称する人々が、尤もらしい嘘をつくことにも見て取れる。そして金が儲かると喜び、多額の借金をすると自殺する者まで出るという始末である。これはもう貨幣教という新興宗教の世界である。まさにアヘンの世界そのものである。

資本主義とは、ほとんどの人間が、商品のために一生を奴隷商品として生きることを意味する。そしてヒトは、そこに幸福と不幸とを感じて生きるのである。一例を挙げれば、一億円の結婚指輪を男性から贈られた女性はそこに幸福を感じ、それが一万円のものとなると、それが感ぜられぬということである。人間の幸福と不幸とはそんなものなのである。

さらに資本主義を別の角度(キリスト教、哲学)から見ると次のようになる。まずキリスト教という宗教の性質である。キリスト教は砂漠に生れた宗教であるから、生殖的自然を嫌うことはすでに述べた。この性質は少なからず資本主義を生み出す一因になっている。それと同時に、ヨーロッパが過酷な戦争社会であったことである。従ってそこでは「私」化が余儀なくされ、それを神によって自己の存在証明に結びつけたのである(「私」の存在は神によってのみ「有《あ》る」ことが証明されることになった)。つまり彼らはキリスト教徒になることによって、初めて疑似群れ本能的価値を取り戻すことができたのである。それと同時に、神の前において「私」を「無」化するという信仰の本質に達することができたのである。これは彼らの宗教が、孤独な強い「私」性を持っているということでもある。

また他面、キリスト教は隣人愛の宗教である。従って、それは本来、貨幣が利息を生むというような反資本主義的宗教であったにも拘わらず、なぜ利息を生むという大逆転が起ったのかという疑問が生じる。

そうしたキリスト教の中にあって、ルネサンス期、イスラム教圏を通じて、古代ギリシャ哲学が入ってくる。キリスト教徒がギリシャ哲学を受け入れた素地としては、共に強い「私」性があったからだと思われる。そしてギリシャ哲学とキリスト教とが結びつくことによって、ヨーロッパは変質していく。特にキリスト教が、ギリシア哲学のもつ数学の力を借りて自然を見るという思考力を身につけたことである。それにより「私」の力は強まり、自然という、ある意味神の属性であるものに――もともとキリスト教は自然を嫌っていたから――「私」の数学的思考は、当然のようにそこに手を突っ込んでいった。その象徴がキリスト者デカルトの「私は考える、故に私はある」である。ここにおいて信仰としてのキリスト教へのそれが失われたわけではなく、形を変え、それは彼にとって自己の存在証明としての神に変わって行ったのである。

彼は言う。

「したがって、自然の光（理性）、すなわち神から私に賦与された認識能力のとらえる対象は、それが自然の光によってとらえられるかぎり、いいかえると、明晰判明に知覚されるかぎり、ことごとく真であることになる。なぜかというに、もし神が偽なるものを真と思いこむような邪曲なものとしてこの能力を私たちに賦与したものとすれば、当然、神は欺瞞者と呼ばれねばならないだろうからである」（『哲学の原理』）

これはまったく信仰者の言葉ではない。つまり「もし神が偽なるものを真と思いこむような邪曲なものとしてこの能力を私たちに賦与したものとすれば、当然、神は欺瞞者と呼ばれねばならないだろうからである」などと言う信仰者はいない。ある意味、神を馬鹿にしているとも言えよう。事実、正信のキリスト者パスカルは『パンセ』で激しく彼を非難する。

「私はデカルトを許すことができない。彼はその全哲学のなかで、できれば神なしにすませたいと思った。だが、彼は世界に運動を与えるために、神に最初のひと弾《はじ》きをさせないわけにはいかなかった。それがすめば、もはや彼は神を必要としない」

　このことはなにを意味するのか。それはキリスト教が大きく変質したということである。それはパスカルの信仰から、デカルトのそれにキリスト教が移りつつあった、ということである。つまりデカルトの信仰とは、まずキリスト教における「私」の存在証明としての神であり、戦争社会における永遠の命としての「私」であって、神の前に自己を「無」化するようなものではなくなった、ということである。すなわち、「私は考える、故に私はある」という思考は、神への信仰から独立して「私は考え」「私はある」という悪魔の思考に変質したということである。だから彼ら、後に自然科学者と呼ばれる信仰者は、神の属性を知ると称して、自然という神の懐に手を突っ込むことができたのである。それがデカルトの自然を「延長する物質＝モノ」と見る思考である。その本質は、神の視点を持った「私」（主観）が自然を「延長する物質（客観）として見る思想である。そしてその代表的人物がガリレオ、ニュートンといった人々である。だが、それも彼らには彼らなりの信仰だったのである。そこには彼らの無神論（「私」がなくなるということ）への恐怖があり、孤独を無意識に回避するキリスト教徒の本能がある。つまりキリスト教への信仰の質が変わったのである（これは日本人にはまったく理解できぬことである）。

しかも幸か不幸か自然は、自然科学（数学等）で計れる対象であった。そうなれば、彼らが自然から数学等を通して、「私」の価値の拡大になるものを引き出そうとするのは自然な欲求である。そこで彼らは自然から数学等で計れる非自然物を取り出し、それが後に人力に代わる機械を生み出し、さらに産業革命へと繋がるのである（その悪魔の思考の延長線上に原子爆弾がある）。

これは、労働を罪の報いだとする彼らには、受け入れやすい思想だった。なぜなら労働から解放されるのだから。

ところで、ここで逆説的に奇妙なことが起る。労働を苦にしていたはずの彼らが、神の下にそれを賛美するようなキリスト教徒が現われたことである。たとえばベンジャミン・フランクリンのような人物である。彼は言う。

「時は金なりということを忘れてはいけない。一日の労働で一〇シリング儲けられるのに、外出したり、室内で怠けたまま半日過ごしたりするのであれば、たとえ娯楽や怠惰のために六ペンスしか支払っていないとしても、それを勘定に入れるだけではいけない。本当はその他に、五シリングを支払っているか、あるいは捨てているのだ」（仲正昌樹著『マックス・ウェーバーを読む』より。

なお一ポンド＝二〇シリング＝二四〇ペンスである）

この「時は金なり」とはもはや「時」は、神の下にあるのではなく、金の下にあるということである。具体例を挙げれば、自然科学文明は、仮に病気になったとき必要なのは神ではなく金だと言っているようなものである。金に対し神は病気になんの役にも立たなくなっていたのである。神はせいぜい死後の世界でいいのである。

この発想はパスカルがデカルトを「できれば神なしですませたい」と非難したのと同じである（デカルトはカルヴィニスズム〔新教徒〕から支持されていた）フランクリンはパスカルに言わせればまさに「神なしにすませた」のである。にも拘らずフランクリンはキリスト教徒であった。

それはすでに述べたように、このときキリスト教は大きく変質しつつあり、あくまで信仰の対象としてのキリスト教（パスカル）と、「私」の存在証明としての信仰（デカルト）とに分かれつつあったのである。つまりフランクリンは自己偽善によって信仰とは係わりない、金に執着する「私」の存在証明を神によってすることができればよかったのである。すなわち自己偽善によって金を神に置き替えたのである。

なぜそれができたのかと言えば、神より貨幣の方が実質、価値の拡大が大きかったからである。そしてそうした自己偽善によって、キリスト教は金を稼ぐ方向に自然科学を導き、機械化し、さらには産業革命に向かうのである。

さらにこの貨幣教に拍車をかけたのが、信用に基づく利息という嘘である。フランクリンは、前掲書で言う。

「信用は金であるということを忘れてはいけない。誰かが、支払い期日が過ぎてからもその貨幣を私の手元に残しておいてくれるとすれば、私はその貨幣の利息を、あるいはその期間中にそれで出来るものを後から与えられたことになる。大きな信用を十分に利用したとすれば、それはすくなからぬ額に達するだろう」

ヒトは信用という嘘をつく。だから信用という嘘に騙される詐欺というものが生じる。しかしヒトは自己偽善の世界を生きているから、信用という嘘を信じぬわけにはいかない。それになにより信用は利益になる。そしてこの信用というものが、産業革命から資本主義へと大きく飛躍させたのも事実である。

と同時に、資本主義を成長させたものに――それは本音では、キリスト教の信仰が地に落ちたということだが――利息がある。貨幣という嘘に、どうして利息という嘘が付着したのか。それはヒトが価値という嘘（虚構）の世界を生きているから、貨幣という嘘（価値）が利息という嘘（価値）を生み出せば、キリスト教が（実は資本家による貨幣教が）繁盛するものと本能的に自己を騙したのである。なぜなら、ヒトは価値の拡大を生きる存在であるから、貨幣に利息がつくという嘘は、自己偽善においてキリスト教（実は貨幣教）の繁盛だと自己を騙せたのである。

別言すればキリスト教（本音は資本家の貨幣教）を信仰する者にとっては、その神の恩寵として利息なるものが付随するのは、自然なことだと感ぜられたのである。つまりキリスト教はかつての信仰のそれではなくなり、資本家というキリスト教徒の自己の存在証明の——すなわち神なしの信仰の——それになってしまったのである。しかしこれも信仰である。

そうであれば、もともと資本家の信仰する貨幣教という嘘の世界が異常であるのに加えて、そこに神による恩寵としての利息がつくとなれば、資本主義は貨幣経済として狂ったように膨張して行くのは自然である。それが金融資本主義である。つまり、今日の西洋とは、金塗《かねまみ》れの——実質、神への信仰の死んだ——キリスト教だということである。もしフランクリンに「あなたは神をダシに金儲けしているだけですよ」と言っても彼は信じなかっただろう。それが自己偽善である。ヒトは所詮「嘘つきごっこ」の世界を生きているから、そうした嘘に疑問を抱かぬのである。

そうした西洋において、金持ち（キリスト教徒という資本家）が尊敬されるのは特別異常なことではなく――それはフランクリンを見れば明らかであり、その結果として、異常なまでの格差社会を生み出し――、と同時に金持ちは隣人愛と称して寄付をするのが、半ば義務のようになっていったのである（日本の格差社会が比較的小さいのは、日本には主人と奴隷との思想がなかったからである）。

ここで資本主義を纏《まと》めれば次のようになる。

1、これは根本的なことだが、ヒトは自己偽善という「嘘つきごっこ」の世界を生きているということ、と同時に、その嘘は価値の拡大の方向になされるということ

2、ヨーロッパが戦争社会であり、そこに「私」化が生まれ、また奴隷制、さらにキリスト教という宗教があったこと

3、その「私」化したキリスト教にギリシャ哲学が入ってくることで、そこにキリスト者デカルトの「私は考える」という悪魔の思考が生み出され、その変質した神の保証の下に、「私」の客観的視点か

ら、「自然（ヒトも含む）を延長する物質＝モノ」と見ることができ、そこから搾取することができるようになったこと

4、そこが戦争社会であったから、勝つために武器製造等において分業の概念が生れ、と同時に、彼らの歴史的古層にあった奴隷思想によって人間を労働商品（モノ）と見る思想が労働価値説を生み出したこと

5、そしてそれらが一つに纏まることによって、ヒトは変質したキリスト教徒「私」による、悪魔の思考に基づく客観的視点から、自然に手を突っ込み、そこからヒトにとって価値の拡大となるものを取り出し、それをさらに機械化、産業革命化し、と同時にそこに資本家というものが現われ、労働者という商品（モノ）を管理、統制することによって、資本主義という多量商品化の世界が生れ、と同時にヒトの生活基盤に貨幣という「嘘つきごっこ」の世界があったことが、現代に至り金融資本主義を生み出したということ

これはある意味、異常な世界である。生命は力への意志（生の上昇）の世界を生きる宿命の下に生れた。そして生命進化はサルを言語化しヒトを生み出し、

その結果、ヒトは言語（価値）という嘘（自己偽善）の世界を、価値（嘘）の拡大の方向に生きねばならぬ宿命を負うことになった。ところが、ヒトは価値という嘘（自己偽善）の世界が、もはや自然の状態ではなくなっていることが分らない。分らないからこそ、自然を破壊し、搾取することによって成り立っているのが資本主義だ、ということも分らない。そのことは無自覚にしろ人間＝神だということであり、それはヒトが自然の一部だということを亡失し、自然の脅威というものを忘れていることに外ならない。いずれ資本主義（西洋文明）は地球を不自然化（たとえば原子爆弾、地球温暖化等）することによって亡びるだろう。西洋文明（資本主義）とは、アヘンというクズ性を持った人類の墓場思想である。そしてヒトは不幸にしてそれを止めることができない。なぜなら、ヒトは価値の拡大（権力への意志）を生きる存在だから。

そう考えれば、近代民主主義とは実に下らぬ政治思想である。なぜなら、民主主義とは資本主義の齎した多量の貨幣、商品が庶民にも生き渡ったから、彼らは権力を持ち得たと錯覚しているだけの思想だからである。それはアヘンのようなクズ思想に外ならない。

それが資本主義の富の下に成り立っている以上、そこに奴隷思想である、主人（資本家）と奴隷（労働商品）との関係が反映されるのは当然である。つまり民主主義が格差社会をなくせるというのは幻想であって、むしろそれがあって当然なのである。民主国家において「清き一票」を投じれば政治が変わる、というのは（こういうのも変だが）、真っ赤な嘘なのである。ヒトは権力への意志を生きる以上、そこに宿命として、負ってしまったものは、変えようがないのである。そして言うまでもないが戦後、日本は民主国家ではない。あえて言えば、旦那に躾けられた妾国家である。

第三章　西洋文明と日本文明

日本文明の本質

日本列島とは、世界でも稀に見るほど地政学的、気候風土的に好条件に恵まれた土地である。

山々には樹々が生い茂り、その間を川が流れ、また海に囲まれ、しかも大陸と適度の距離を保っていた。それは自然の要塞であり、また文化の流入にも適していた。そうであれば日本人は清浄無垢な魂（心）を持てたのであるが、それは同時に、悪く言えば無知な「私たちは考えない」「空っぽ」の頭を歴史的古層に持たせることになった。

つまり自然豊かであったから、砂漠の思想（ユダヤ・キリスト教）とは異なり、多神教を維持し「私たちは考えない」「逃げる」群れ本能的価値で生きることができた（武士だけが例外）。

そうした地政学的、気候風土的、歴史的な違いは西洋とは歴史的古層においてまったく異なっていた。彼らは「私は考える」から新たなものを作り出すことができたが、日本人は「私たちは考えない」だから、できたのはマネだけであった。だがそのマネする能力は群を抜いていた。

そんな無知な日本人は大東亜戦争に敗れると、今度は完全にアメリカ（ＧＨＱ）の囲われ者となり、そのマネをした。つまり一切自ら作り出すということをせぬ「逃げる」囲われ者となり、喜んで日本国憲法、民主主義を受け入れた、その歴史的古層をまったく持たぬにも拘わらず。それは日本人が主体性（「私」）とはほぼ無縁な民族だったからである。その主体性と無縁な思想家の典型が丸山であり、団体でいえば、その最悪なものが日教組である。なぜ最悪かといえば、彼らの教育によって、後のオウム真理教の一連の事件、秋葉原無差別殺傷事件等、また学校でのいじめ、児童虐待等を生み出したのである。しかも彼らは、それが自らの教育の結果だという自覚がない。これが戦後日本人の囲われ者の「無責任の体系」である。日本人の囲われ者頭は、上っ面の西洋思想で自らの清浄無垢な心を完全に殺してしまったのである。そしてそのことを日本人は自覚できない。

どうして日本人は、日本の歴史、思想、文化等を無視し、鸚鵡《おうむ》のように西洋を猿マネしたがるのか。しかもそんな自分の頭が変だ、という自覚もできない。ただGHQに洗脳された頭で、鸚鵡のようにその言葉を喋るだけである。そうであれば、「日本」はなくなってしまうという識者が現われるのも当然だろう。

日本人が自分の姿が分らぬのであれば、西洋人が過去に日本人をどう見ていたかを、ここに渡辺京二著『逝きし世の面影』より引用させてもらう。幕末・明治に日本を訪れた西洋人の言葉である。

チェンバレンは「古い日本は妖精の棲む小さくて可愛らしい不思議の国であった」とし、ヒュースケンは「いまや私がいとしさを覚えはじめている国よ。この進歩はほんとうにお前のための文明なのか。この国の人々の質樸な習俗とともに、その飾りけのなさを私は賛美する。この国土のゆたかさを見、いたるところに満ちている子供たちの愉しい笑い声を聞き、そしてどこにも悲惨なものを見い出すことができなかった私は、おお、神よ、この幸福な情景がいまや終わりを迎えようとしており、西洋の人々が彼らの重大な悪徳をもちこもうとしているように思われてならない」とし、カッテンディーケは「私は心の中でどうか今一度ここに来て、この美しい国を見る幸運にめぐりあいたいものだとひそかに希った。しかし同時に私はまた、日本はこれまで実に幸福に恵まれていたが、今後はどれほど多くの災難に出遭うかと思えば、恐ろしさに耐えなかったゆえに、心も自然に暗くなった」と述べている。さらに渡辺氏は「その例(国民性)としてチェンバレンがあげたのは、知的訓練を従順に受け入れる習性や、国家と君主に対する忠誠心や、不和雷同を常とする集団行動癖や、さらには『外国を模範として真似するという国民性の根深い傾向』である」と指摘している(この「国家と君主に対する忠誠心」を除けば、日本人の国民性はまったく変わっていない。傍点堀江)

日本人は地政学的、気候風土的、歴史的条件による神々(時に西洋の神と区別してカミと記す)の恵みによって生かされてきた特殊な民族である。そしてその神々と日本民族とを結びつけているのが、結果として神道であり、天皇である。

日本人は天皇という存在を、あまりにも無邪気に考えなさすぎる。それは明治以降(特に戦後の)日本人が、自国の歴史、思想、文化等をほぼ黙殺してきた、という事実である。それはすでに挙げた『ベルツの日記』に記されているように「われわれには歴史はありません、われわれの歴史は今からやっと始まるのです」という日本人の発想に見られるものである。歴史の意味がまったく分っていないのである。

日本の歴史の中心を成しているのは、実は天皇なのである。それは日本列島が山々と、樹々と、水とに覆われた神々の国だったことと無関係ではない。人々はそこから神々の恵みを戴き、その結果としていつしか無意識に、天皇を通して神々に感謝するという歴史を古層に培ってきた。つまり日本人の歴史的古層とは、西洋の一神教による歴史的古層とはまったく異質なカミの国なのである。

むろん日本の天皇は、歴史上、常に表に現れていたわけではない。それは譬えていえば、天皇とはいわば台風の目のような存在だったと言えよう。その目にはなんの力もないが、目がなければ台風が存在し得ぬのと同じ関係である。それが天皇の「君臨すれども統治せず」の意味である。

たとえば江戸時代、天皇は一見ないがしろにされたように見えるが、結局、武士は水戸学を通して天皇の下に集ってきた。それが幕末、志士が京に集った理由である。カミの下に参集したのである。

では、天皇というまったく軍事力をもたぬ存在に、なぜ霊力とでも言うべきものが付着したのか。

たとえば明治天皇の死に殉死した乃木希典の例にそれは見て取れる。彼にとって天皇はカミであり、台風の目であって、天皇の死は自己の存在証明を失わせるに足りたのである。

それに対して、戦後の囲われ者の日本人は、ＧＨＱに洗脳されたものを自己の思考だと勘違いしてしまった。そんな妄頭に天皇など理解できるはずもない。

たとえば「天皇人間宣言」である。日本人にとって天皇とは元々そうした存在ではなく、そう見えるのはＧＨＱに洗脳された妖精の頭で考えるから、そう見えるだけなのである。

日本人の歴史的古層において、天皇は自然の神々の中においてもっともカミに近い存在であった。明治政府が天皇を現人神としたのも、西洋国家の中心にキリスト教があったことに影響されたことが背景にあるにしても、日本にはそうした特殊な歴史的古層があったのである。それはまた、妖精のような庶民の頭にも、天皇が容易に受け入れられるところとなった。

そのとき自衛隊は戦えるか、という問題

無知という言葉があるが、それは知がないということである。そして知とは、

知謀、知略、知恵といったものが示すように、それを持てば持つほど人間社会では勝ち残れるということである。ところが、大江健三郎氏に代表されるように日本人にはそれがない。まず次の文章を読んでもらおう。

それは井上和彦著『そのとき自衛隊は戦えるか』からの引用である。

「作家・大江健三郎氏は、アメリカで自衛隊についてこう語ったと、古森義久氏が報じている。／『日本の保守派にはこの憲法が米国から押しつけられたものだから改正する必要があるという意見があるが、米国の民主主義を愛する人たちが作った憲法なのだからあくまで擁護すべきだ。軍隊（自衛隊）についても、前文にある「平和を愛する諸国民の公正と信義に信頼して」とあるように、中国や朝鮮半島の人民たちと強力して、自衛隊の全廃を目指さねばならない。終戦から五十周年のいますぐにもそのことに着手すべきだ』（『産経新聞』平成七年四月三〇日）」

この大江氏の「米国の民主主義を愛する人たちが作った憲法なのだからあくまで擁護すべきだ」は幼稚園児の寝言である。これは「お父さんの作った憲法だから子供である自分たちはあくまで擁護すべきだ」と言っているだけのことである。

それに考えても欲しいのは、アメリカ大陸に渡ったヨーロッパ人は、アメリカ原住民の擁護に値すべき法律の一つでも作ってやったか、また拉致した黒人奴隷を擁護するような憲法草案の一つでも作ったか。つまり民主主義とはそうしたものであり、民主主義者もそうした人々であれば、日本国憲法の質など考えるまでもなかろう。

と言うより、氏にには民主主義というものがまったく分っていないし、また分ろうともしない。説明する気にもなれぬが、こういう思考をするところに、かつてのマッカーサーが自らを「四十五歳のアングロサクソン族」と称し、日本人を「十二歳の少年」と称した謂れがある。つまり日本人には「知」がないのである。

アメリカ・キリスト教民主国家を建国した白人は、知謀、知略、知恵等に長けていた。だからアメリカ原住民を虐殺し、黒人を奴隷として拉致し、大東亜戦争において二発の原爆を日本へ投下し、降伏させ、属国化させたのである。そうした知に長けた彼らが、日本人が擁護に値する憲法など作るわけがない、という常識（知）が大江氏にはない。まさに妖精の頭である。日本国憲法とは属国憲法であり、それを支持する多くの日本人には、自分が妾だという自覚がない。

では、どうして日本人にはそれほど知がないのか、という問題が生じてくる。それには日本人の歴史的古層を考えねばならない。それは江戸時代に日本人の中に定着した歴史的古層の問題であり、それは士農工商による身分制度より生れたものである。士は支配のために唯一「私」で考えることのできた存在であったのに対し、農工商はそれに従うだけのほとんどなにも「考えない」囲われ者従属民であった。

そのことはヨーロッパの歴史と比較するとよく分る。

ヨーロッパは戦争社会であったから、物理的にはどこまでも侵略、略奪をし続け、また被支配民を奴隷化(植民地化)することも可能だった。それに対し、島国であった日本においては、所詮、支配者である武士も農民に食わしてもらっているという関係にあったから、彼らをあまり過酷に扱うことはできなかった。つまりヨーロッパ戦争社会にあっては、生き延びるための知恵を「私」で考えねばならなかったのに対し——そこに西洋に「私は考える」に基づく国家意識をもった、市民という存在が生れたのであり——日本の農工商は士に黙って従っていれば彼らをそんなに酷く扱わなかったから、彼らから「私」に基づく国家意識は生れようがなかった。そのことは、西洋人が「私」で考えねばならなかったのに対し、日本の農工商は「私たちは考えない、故に私たちは正しい」、言い換えれば「考えないことは良いことだ」という囲われ者の歴史的古層を持つに至ってしまったのである。彼らが「私たちは考えない、故に私たちは正しい」になってしまったのは、日本が「村」道徳社会だったからである。

ここに日本人の属国意識（属国はそう悪いものじゃない）の萌芽がある。

ところが世界の歴史は、日本にそんなに甘い考えを持たせてはくれなかった。黒船による西洋列強の侵略であり、そこにおいて唯一戦争社会を生き、国家意識を持っていた武士によって、彼らはどうにか西洋を手本に明治新政府という俄《にわか》国家を作り上げることができた。

と、そこまではよかったが、日本に属国意識をもった農工商はいても、市民と呼べるような存在はわずかに武士しかいなかった。

市民とはすでに挙げたルソーの「そして統治者が市民に向って『お前の死ぬことが国家に役立つのだ』というとき、市民は死なねばならぬ」意識を持った者である。

この自覚を日本で持っていたのは武士だけだった。

武士であった福沢諭吉は『学問のすゝめ』の「一身独立して一国独立する事」

の項で次のように述べている。

「もとこの国の人民、主客の二様に分れ、主人たる者は千人の智者にて、よきように国を支配し、その余の者は悉皆《しっかい》何も知らざる客分なり。……一旦外国と戦争などの事あらばその不都合なるを思い知るべし。無知無力の小民等、戈《ほこ》を倒《さかしま》にすることも無かるべけれども、我々は客分のことなるゆえ一命を棄つるは過分なりとて逃げ走る者多かるべし。さすればこの国の人口、名は百万人なれども、国を守るの一段に至ってはその人数甚だ少なく、迚《とて》も一国の独立は叶《かな》い難きなり」

これを読む限り、福沢には市民のなんであるかが分っていたと言えよう。ここから明治維新が、戦後日本よりはるかに増しだったことが分る。当時は主人たる武士という智者（市民意識をもった者）が少なからずいたが、戦後日本には農工商からなる「逃げ走る」客分しか存在しないという事実である。そんな「逃げ走る」客分の意識であればこそ、属国憲法を支持するのである。つまり戦後日本人は、「考えないことは良いことだ」とする「逃げ走る」草食動物的集団ヒステリーに陥ってしまっているのである。彼らの歴史的古層は、草食動物的集団ヒステリーに染まっているから、「逃げる」こと以外考えられず、そこに一切の「私は考える」という思考は生れようがない。それでいて彼らの空っぽ頭は、自分では「考えている」と思っているのである。彼らが考えているのは、「逃げる」ことを「考えている」のである。そこに戦後日本の不幸がある。

その一例として、たとえばケント・ギルバート著『儒教に支配された中国人と韓国人の悲劇』の「駐中国大使の驚くべき発言」の項に記されたような発言をする大使が現われたのも、日本人の農工商の歴史的古層からすれば、別に驚くべきことではないかもしれない。

「伊藤忠商事の元会長で、のちに民間から初めて中国大使に任じられた、丹羽宇一郎《にわういちろう》氏という方がいます。この人物のトンデモ発言を、雑誌「WILL」(二〇一二年七月号)が暴露しています。伊藤忠商事時代に作家深田祐介《ふかだゆうすけ》氏との対談で、/『将来は大中華圏の時代が到来します』/『日本は中国の属国として生きていけばいいのです』/と発言し、深田さんが、/『日本は中国の属国にならなくちゃならないんですか』/と疑問を呈すると、/『それが日本が幸福かつ安全に生きる道です』/と述べているのです」

ところでいったい、どれだけの日本人が丹羽氏を批判できるというのか。戦後、まったく士風を失いアメリカの属国であることに平気な日本人に。

私が丹羽氏の発言に嫌悪感を覚えるのは、あたかも今度はどこの国の妾になるのが得策かと考えることは（経営者としてはそう考えざるを得ぬにしても）、少なくとも氏が日本国という一国一城の誇りある主（主権者）であるなら、口にすべき言葉ではない。

同じようなことは次のようなところにも現れている。記憶はやや曖昧だが、ある識者が防衛大学で講演を行い、その後学生との質疑応答で、二人の学生から同じような質問を受けた。彼らは「どうして属国ではいけないのですか」と質したのである。

これらの発言をする日本人には、それなりの歴史的古層があることはすでに述べた。それは日本人の歴史的古層には江戸時代に培われた農工商という客分でいることは、そう悪いものではない、という歴史的古層があり、加えて戦後、アメリカの属国であることもそう悪くはない——日本はアメリカのよい子分になったから、彼らも過酷には扱わなかった——と思ってしまったことがあるのではないか。それが大江氏に代表されるような日本人の、十二歳の少年が属国憲法を擁護する発言の根底にあるのではないか。

民主主義とは、主人（主権者＝市民）が行う政治制度であり、それはルソーも言うように、市民は国家のために戦い、命も投げ捨てなければならぬものである。ところが大江氏らの民主主義は市民の存在しない「逃げ走る」客分の「民主主義ごっこ」であって、もし戦争にでもなれば主人であるアメリカが助けてくれるとでも考えているのではないか——日米同盟を十二歳の少年は、そう思っているから、日本国憲法を擁護し改める積りがないのでは——と私は疑うのである。

国家は自国民で守るしかないという常識(知)が、戦後の日本人にはない。国家の興亡はすべて自己責任なのである(農工商は歴史的古層において、国家に対して責任を負うという記憶を持たぬから、それが分らぬのである)。

よくもまあ、日本人は大東亜戦争からこれほどなにも学ばなかったものだと——それを「間違った戦争」ですませてしまう無責任さには——半ば呆れてしまう(これは農工商の歴史的古層の記憶がいかに強いものであるかの証である)。

それは日本人が歴史的古層に、属国の悲哀を持っていないからである。だから日本人には、属国の悲哀をいやという程味わった韓国人の歴史的古層というものが分らない。なぜ韓国人が竹島というちっぽけな島を、わが国国有の領土だといってお祭り騒ぎ的観光地化するのか。また従軍慰安婦というほとんど資料もないようなものを取り上げ――それを知識人気取りで報道する日本の新聞記者の頭もどうかしているが――慰安婦像を立て、これまたお祭り騒ぎをするのか。それは彼らの歴史的古層に民族的属国意識としての屈辱感（コンプレックス）が、民族的集団ヒステリーとして、自らを「誇りある民族」としなければ、自己の民族的アイデンティティーが成り立たぬからである。それはたとえば、日本人が従軍慰安婦問題に対し適正な資料を持ち出そうとも、また戦前の日本軍の朝鮮半島での植民地支配が穏当なものであった――これは武士の発想からしても当然である――ことを指摘しても、なんの意味もないということが日本人にはちっとも分らない。こうした集団ヒステリーに陥っている者に対しては、いかなる言語も（正当なものであっても）意味を成さぬことが分からない。ただ切り捨てるだけだということが。

むしろ従軍慰安婦問題などを作り出す日本人の「考えないことは良いことだ」とする間の抜けた知識人を切り捨てることの方が、問題としては先だろう。

だがそれも無理だろう。「私たちは考えない、故に私たちは正しい」が歴史的古層に染みついてしまっている日本人の思考法は、江戸時代からのものだからである。「考える」ことのできぬ人間に、「考えさせようとする」ことほど無駄なことはない。

そうした歴史的古層をもっている今日の日本人には、「属国がどうして悪いのか」理解できるわけがない。属国が悪いのは、国家の消滅に繋がるからである。しかも農工商の歴史的古層を持つ日本人には国家がなくなるということが、どういうことか実感として分らない（国家を荷うという歴史的古層を持ったことがない彼らであるから、分らなくて当然である）。西洋のような過酷な歴史的古層を持たぬ日本人には、たとえばヨーロッパ史において、戦時、なぜ抵抗運動《レジスタンス》が行われるのか、その歴史的背景を持たぬ日本人には理解し難いことである。

たとえば第二次世界大戦において、ヒトラーがフランスを降伏に追いやり、仮にそのままフランスを属国化していたら、フランスという国家は消滅していたかもしれぬのである（ヨーロッパの歴史とはそうしたものである。ところが日本人には国がなくなるという実感が、武士を除くと分らない）。だからフランス人の多くは、民族、国家、歴史、文化、伝統、誇り等のために命を賭けて抵抗運動に加わったのである（丸山が軽蔑されるのはそういう意味である）。

ところが日本の農工商は主人が誰であろうと——それだけ甘やかされた歴史

的古層しか持たぬから——生きていかれると思っている。つまり戦後の日本人は、福沢のいう「一身独立して一国独立する事」の意味などまったく解せず、ずっと客分(妾)のままでいたいのである。主人がいなくなったら自分が客分でいることもできなくなる、ということも分らぬのである。客分だけの国になったらどうなるかは、武士であった三島由紀夫の次の言葉からも明らかだろう。

「私はこれからの日本に大して希望をつなぐことができない。このまま行ったら『日本』はなくなってしまうのではないかという感を日ましに深くする。日本はなくなって、その代りに、無機的な、からっぽな、ニュートラルな、中間色の、富裕な、抜目がない、或る経済的大国が極東の一角に残るのであろう。それでもいいと思っている人たちと、私は口をきく気にもなれなくなっているのである」(『果たし得ていない約束——私の中の二十五年』)

三島は自国民が歴史、文化、伝統、誇り等を失うと、国家も消滅すると言っているのである(それに対して、日本の農工商の頭は国家のことよりも、金《かね》と食い物のことの方が先なのである)。

西洋戦争社会から生れた市民(「私は考える」)、また日本における武士も「私」を持っていた。それらの「私」は、西洋においては宗教、歴史、文化、伝統、誇り等に支えられ国家を形成していたのに対し、日本においては武士道（禅）、歴史、文化、伝統、徳等に支えられた藩というある種の国家を形成していた。しかしそれらの意識が失われていくと、三島の言うように「日本」という国家はなくなっていくのである。そしてそこに残るのは、人間としての価値を失った属国民（妾）による経済的大国である。日本人は金と食い物があれば、「日本はなくなってもいいと思っている」のである。それは歴史における「日本」の消滅である。言い換えれば、どこかの国の一部になっているということである。

さらに大江氏の無知は「自衛隊の全廃を目指す」というが、世界史とは戦争史に外ならず、氏には人間に対する本質的理解がまったくない。「考えないことは良いことだ」とする妖精の頭である。人間とは、所詮、自然の一部であって、それは自然のもつ本能的価値の中にあるということであり、ヒトは力（権力）への意志の進化の下にあって、肉食・草食動物的集団ヒステリーから逃れられぬ、という宿命を負っているのである。

さらに「そのとき自衛隊は戦えるか」という問題である。

つい少し前、集団的自衛権の憲法解釈が、それまでの行使できぬから、行使できるに変更された。それに関して「アメリカの戦争に巻き込まれるから反対だ」というデモが国会周辺で一時起ったが、それっきりである。日本人とはつくづく「無責任」で「考えぬ」国民だと思わざるを得ない。

それに自衛隊が唯一戦争ができるのは、アメリカの戦争に巻き込まれたときだけだ、という認識もできない（イラク戦争を考えればよい）。つまりアメリカに「おれは戦争をする、お前もついて来い」と言われたとき、唯一「はい、お父さんついて行きます」というときだけだということが。それが属国というものであり、自衛隊が単独で、属国民である「逃げ走る」国民のために、そして自衛隊を否定する憲法を支持する国民のために、彼らにいかなる戦う理由があるというのか。この国にはそうした認識もできぬ「自衛隊を憲法に明記すると侵略戦争に繋がる恐れがある」などという頭の変な（妖精のような）国会議員が存在するのである。そうした発言が出てくるのは日本には「逃げ走る」歴史的古層を持った農工商しか存在しないからである。

「逃げ走る」客分のために戦死する自衛隊員の死とは、単なる犬死である。軍隊とは国家、国民のために命を賭けて戦う誇りある存在なのである。そういう自覚が日本の「逃げ走る」農工商の歴史的古層にはない。かつて君主のために命を賭して戦った武士の歴史的古層は、日本から失われてしまったのである。そのように日本国民が自衛隊を否定するのであれば、自衛隊に自衛力がないと見做しても不自然ではない（自衛隊の戦力を数字を挙げて論じても意味がない。「逃げ走る」国民のために、自衛隊員が戦う意思を持たなかったとしても不思議はないからである）。

自衛隊を考えただけでも、農工商意識（市民意識のない「無責任の体系」）を生きる日本国民に、国家を独立させることは、福沢が考えた以上に困難なことは明らかである。

日本人は好んで戦国時代ものを読む。そこにおける宗主国と属国との関係がどんなものであるかはよく知っているはずである。しかし彼らの頭は「考えないことは良いことだ」だから、そこからなにかを学び取るということをしない。たとえば宗主国が合戦だといえば、属国は馳せ参じる（たとえば信長と家康の関係を考えればよい）。これがよくも悪くも国家間の関係である。それはたとえば、湾岸戦争の折、日本は参戦せず大枚な金子でごまかそうとした。国家観のない政治家の頭は、それでごまかせると思ったのだろう。これは信長に対しての堺の商人がやったことと同じである。当然、アメリカは不快感を示した。忠誠心を見せろと。

そしてイラク戦争である。日本は渋々、安全な戦場に自衛隊を派遣した。しかし戦場は戦場であって、安全であれば戦場ではない。そこで戦争が起ったとき自衛隊はどうするのか。自衛隊は自衛のための軍事装備しか備えておらず、通常の戦争（こんな表現も奇妙だが）への戦闘能力はない。むろん敵の攻撃に対して応戦することはできるが、その事実は、敵の発砲に対する応戦であるから、その時すでに自分は死んでいるかもしれぬのである。こんな非常識で、無責任な軍隊が世界に存在しないのは当然である。敵が発砲する前に先制攻撃をしなければ命は守れない。

自衛隊は「逃げ走る」客分である「村」道徳屋の作り出した空想の軍隊である。そうであれば、自衛隊員だっていざとなれば「逃げ走る」客分になってもおかしくはない。

日本は必ず将来戦争をする。歴史を学んだ者ならそれくらい分るだろう。日本国憲法が平和憲法であろうと、「九条を守る会」があろうと、日本が属国である以上、宗主国の意向には逆らえず、かつて自衛隊という自衛のための軍隊をイラクという戦場に送り出したように、将来もその日はやって来るだろう。

この「無責任な体系」の体質は戦前と変わらない。兵士の命を粗末にするという点において。

戦後の日本人には、属国というものがどういうものか分らない。日本国憲法がアメリカ製であって、一見、日本に有利に書かれているように見えても、それを宗主国が守るという保証がどこにもないのは、すでにイラク戦争で明らかだろう。そうであれば、自衛隊を作ったアメリカが、自衛隊を事実上、戦場に送り出す命令を発するのに、なんのためらいもない。平和憲法、九条を守る会がどれだけイラク戦争への自衛隊の派遣を食い止めるのに役立ったというのか。権力(力)への意志の前では、いかなるきれい事も——彼らはそれをただ口先で言うだけで——それがどれだけ役に立つかを考える知恵がない。属国である限りは、どこまで行っても日本人は奴隷であるしかないのである。

もし仮に、権力(力)への意志に基づく肉食動物的集団ヒステリーを持った国家が、日本国憲法に胡座《あぐら》をかいている日本を攻撃したとしたら一溜《ひとたま》りもないだろう。むろん日米同盟があるから安心だ——しかし、それは永遠に続くものではないし、またアメリカの国益にまったく反することであれば関与しないかもしれない——という人もいるかもしれぬが、彼らは日本人には考えられぬような陰謀家であり、策略家である(私はそれが悪いと言っているのではなく、日本人の頭があまりに「妖精」だ、と言っているのである）。彼らは国益を第一に考える人々だ、ということである。

私の言いたいことは、日本人は国益に基づく強い国家を作れと言うことである。それはルソーも言うように、市民が国家のために死ぬ覚悟をもつ国になれということである。「逃げ走る」ことばかり考えているようでは、真の平和は保てぬということである。今日の日本人の平和観は「逃げ走る」属国意識によって成り立っているから、平和が犠牲の上に成り立つものだ、という自覚がない。だから農工商は属国民（奴隷）の平和を望むのである。これは福沢の「一身独立して一国独立する事」とはまったく逆の世界である。

司馬遼太郎の無知

司馬の無知に驚いたのは、まず『言語についての感想（一）』に次のような記述があったことである。

「私ども人間は、言語体系によって世界を把握している」と。

正直、私は悪い冗談を聞かされたような気がした。が、これは彼の無知ではなく、恐らく日本人の無知だろう。

彼が言語体系と言っているのは、ヨーロッパの宗教・思想体系であると思う。日本に体系と呼べるようなものはないからである（正直、日本人には西洋人の使用する体系の意味がわかっていないような気がする）。

彼が言語体系だなどと言わず、ただ言語といっていれば私も食い付きはしなかっただろうし、また同時になぜヨーロッパに言語に基づく宗教・思想体系などというものが生れたかを、考える機会も与えてくれはしなかっただろう。

それはともかく、ヨーロッパにはトマス・アクィナス、デカルト、ニュートン、カント、ヘーゲル、マルクスといった諸々の人々が宗教・思想体系を形作って行ったのはなぜか？

むろんその答えはヨーロッパが戦争社会であり、そこに生れた「私」が唯一神なるキリスト教の支配の下に置かれていたからである。そうであれば、キリストの恩寵の下にある「私は考える」は神の存在そのものがいかなるものであるかを知ろうとして考えるが、考えるとは、そも虚構内の言語の自己偽善によって成り立つものである。つまり自己を自らの言語で騙し、神への新しい価値（言語）を創造することによって、神へと近づくことへの喜びによって、言語は神へ向かって体系化して行く。そして神への言語体系化されたものは、それぞれのものが、神の保証によって堅固なものとなり、そこに半ば必然的にそれぞれの考えによる神学論争のようなものを惹起する。

だがそれは当然、不毛なものとなる。なぜなら、神そのものが「私」を支えるために生み出された虚構（嘘）だからである。

そうした思考法をしている内に、神を考えている「私」という存在に気づく者が現われる。なぜそんな「私」に気づくことができたのかと言えば、ヨーロッパ戦争社会は「私」社会でもあったから、神を考える恩寵の下に「私はある」ことの喜びが得られたから、そのことに気づくことになったのである。しかしその者は、神の下に「私は考える、故に私はある」のであって、あくまでその喜びは神の恩寵下のものである。つまり彼は自分自身も気づかずにそのように考えたのであって、それが実質神なしでもよいことには気づかなかった。いや、むしろ気づかなかったからこそ、そうした思想体系が生み出されたのである。

こうした思考をずんずん進めて行けば、いつしか神への恩寵のためという自己偽善による体系化の喜びは膨張すると同時に、自壊して行くのは自然なことである。なぜなら、「私」が神の恩寵を求めてその属性である自然の中にも入り込み、自然科学の方向に進めば、自然は神の前ではなく、自然科学を作り出す「私」の前に屈服するからである。そしてそれはついにマルクスの『資本論』という言語体系によって神は死を迎えることになる。

かくして信仰としての神が死ねば――「私」の存在証明としての神は生き続けるが――もはや西洋の宗教・思想において体系化という現象は起らなくなって来る。

そう考えれば、日本についても考えなくてはなるまい。

むろん日本に思考の体系化が生れなったのは、戦争が少なく、またキリスト教のような宗教を生み出す土壌を持たなかったからである。つまり「私」化が起らなかったからである。なぜなら日本人は自然という神々から成るものの下にあったから。だから言語の体系化など起りようがなかった。日本人は自然なる神々に祈ればよいだけの暮しをして来たから、歴史的古層は水のように空っぽであった。そうであれば、言語はあくまで神の支配下にあるのものではなく、自然共同体と言ってもいい「村」人の「私たちは考えない」「空気」の中にあればすんだのである。つまり言語は神々とともにあればよかったのである。言い換えれば言霊である。そして今もその言霊感の中で西洋思想を考えるから、猿マネの支離滅裂なものになってしまうのである。

司馬が今一つ分っていなかったことに、武士という存在の本質がある。それは彼が「暗殺だけは、きらいだ」(『幕末』)と言ってることである。彼個人が「きらいだ」というのは、彼の趣味の問題であって、戦場という死を目の前にしている人間にとって暗殺は好き嫌いの問題ではなく、国家が生き延びるための最良の選択肢だという意識が、彼にはなかった。つまり暗殺はもっとも廉価な戦争だという認識が。

『葉隠』の「武士道といふは死ぬ事と見付けたり」というと、今日ではいささか陳腐の感があるが、この言葉を理解している日本人はまったくと言っていいほどいない。この言葉は「死を日常」として生きるという意味であり、先に挙げたルソーの言葉でなぞれば「そして主君が武士に向って『お前の死ぬことが国に役立つのだ』というとき、武士は死なねばならぬ」ということである。その意味では国家意識を持ち国のために死ぬ武士は西洋市民に極めて近かった。

ところがあれほど武士を描きながら——そして大東亜戦争に従軍しなが

ら——彼が武士を理解できなかったと言うことは、彼の歴史的古層が「村」人であって、その「逃げる」頭で考えたから、彼の好みが出てしまったのである。そして彼の好みは「逃げる」「村」人日本人が愛するものでもあったから、彼の本は愛読されたのである。

戦後、日本から武士の思想が消えてしまったことは、決定的に日本を駄目な国にしてしまった（晩年の司馬自身もそう言っていたらしい）。たとえば、日韓関係の悪化をいうが、それは韓国だけが悪いわけではない。つまり日本人が武士（市民）であったら、なんの問題も起らなかったはずのことである。それが今日の日本人にはもう分らなくなっているということである。

私（日本人）の真珠湾陰謀説

今更、真珠湾陰謀説でもなかろうという人もいるかもしれぬが、私の言いたいことは、これまでの説とは説が違うのではなく、敢えていえば質において異なる、ということである。

まずジェイソン・モーガン著『アメリカはなぜ日本を見下すのか?』から「仕組まれた真珠湾攻撃」の項の、次の文章を読んでいただきたい。

「そんな祖父の話で最も衝撃的だったのは『アメリカは日本と戦争する必要はまったくなかったのだ』と聞かされたときだ。／祖父の見解はこうだ。／当時のヨーロッパは今にも戦争が勃発しそうな状況であった。再選をかけていたルーズベルト大統領は、自分の地位を守りたい一心で、『私たちの息子を戦場に行かせることはない』と絵空事のような公約を掲げた。／しかし、世界大恐慌から脱する経済政策は大失敗し、景気回復のためにもはや戦争に突入する以外の選択肢はないと腹のなかでは思っていたのだ。／そこで他国にアメリカに戦争を仕掛けさせることができれば、『やむを得ず参戦するしかない』状況を作れるだろうというのが彼の計画だった。／そしてついにルーズベルト大統領と共産党の協力者の計画通り、アメリカが敷いた罠に日本が嵌まることになり、戦争の火蓋が切られたのである。／不意打ちとなった真珠湾攻撃はなにも日本の将軍がある朝起きて、なんとなくハワイを空爆しようと思い立って攻撃したわけではない。／ルーズベルト大統領が経済制裁などの手段を使い、1年以上かけて日本を挑発し続けた結果だと祖父は言っていた。ルーズベルト大統領こ

そ祖父が最も嫌った根っからの嘘つきであり、卑劣な人間だった」(傍点堀江)
これは別に新規な説でも論でもない。また、私は「ルーズベルト大統領こそ祖父が最も嫌った根っからの嘘つきであり、卑劣な人間だった」と思っているわけでもない。

この手の陰謀説は秦郁彦著『現代史の虚実』によると「いままでにもたびたびこの種の著作物がアメリカで刊行され、それが日本に紹介されるという現象を繰り返してきたのですが、二〇〇一年、久しぶりに、スティネット著の『真珠湾の真実』という本がでました。これは、いままでのルーズベルト陰謀説の中では最も大胆といいますか、私に言わせれば、虚偽だらけの本です。さすがにこれは、アメリカではほとんど無視されました。／ところが、二〇〇一年の六月に文藝春秋から翻訳本が出て、日本で爆発的な人気を博しました」(傍点堀江)と氏は記しているが、モーガン氏のものと同類のものではないかと推測する。

だが私がここで問題とするのは、真珠湾陰謀説はアメリカからはたびたび出ても、日本からは「皆無だ」という事実である。なぜ日本人からそうした説が出ぬかと言うと、日本人には囲われ者(妾)思考が歴史的古層にあるからである。

実は私はかつて真珠湾陰謀説なるものを、まったく知らずに(モーガン氏のものとそう変わらぬ、と考えてくれればよい）書いたことがあった。しかし秦氏の著作を読んで、それが歴史家の常識であることを知って没にした。

しかし今、再びそれを取り上げるのは別の理由からである。それはアメリカ人の歴史的古層には、そうした陰謀を企てる知力はあるが、日本人の歴史的古層にはそれがなく、東条英機の「人は一生に一度くらい目を瞑って清水の舞台から飛び下りてみるものだ」くらいの知恵で、真珠湾攻撃を行ったことである。それは言い換えれば、秦氏のいうスティネットの陰謀説が虚偽だらけだとしても、アメリカ人の歴史的古層にはそうした陰謀を企むだけの知力があるのに対し、日本人は、ただ虚偽だらけだと指摘するしか能のない、空っぽの歴史的古層しか持たぬという現実である。そしていまだに真珠湾陰謀説はアメリカから出ても、日本から出ぬということは、日本人の歴史的古層には「清水の舞台から飛び下りる」くらいの能しかない、ということである。

日本においても、かつての武士には陰謀を企むだけの知力はあった。それは彼らが「私」で「考える」ことができたからである。

話はやや逸れるが、私に武士という存在が何物であるかを認識させてくれたのは、戦国武将・島津義弘である。義弘は関ケ原の戦いにおいて西軍につき敗将となった人物であるが、彼を有名にしたのは、その撤退において事も有ろうに退くのではなく、敵の家康本陣に突っ込み撤退した、という事実である。この義弘の判断を賞賛する歴史家もいるが、なぜ賞賛に値するのかを納得させてくれる説明は聞いたことがない。私も別に賞賛するわけではなく、ただ武士の思考法というものが、彼によって初めて理解できたのである。

それは武士には、私たちの言うところの常識的思考がないことである。それは『葉隠』の言うところの「武士道といふは死ぬ事と見付けたり」の非常識さである。人は生きることを本能とし、死ぬことを本能的に嫌う。つまり武士の世界とは、死という非情なものを日常とする世界であって、そこで生きて行くためには、「武士道といふは死ぬ事と見付けたり」という思想に、自らを自己偽善に陥らせることができて初めて成り立つ思想だということである。

これは私に言わせれば「武士道といふは気違い道と見付けたり」ということである。それが分らぬと武士道は分らない。つまり「暗殺だけは、きらいだ」などという常識では武士道は理解できぬ、ということである。言い換えれば、武士という存在は、自らを自己偽善に陥らせ肉食動物的集団ヒステリー状態に置くことであって、それを草食動物的集団ヒステリー（「考えないことは良いことだ」）にある人間の常識で図っても分らぬ、ということである。それは切腹が常識人に理解できぬことからも明らかだろう（三島事件）

義弘の頭の中には、撤退とは退くことだという常識がなかった。思考はその場その場で、「私は考える」として為せるものだということである。彼の撤退は成功し（むろん撤退だからそれなりの損害は出しただろうが）、彼は天寿をまっとうし、彼の死に伴って十六名の下臣が追腹を切った。それだけ敬愛されていたのだろうが、そも追腹など「気違い道」に外ならない。こうした気違い道が分っていたのは、戦後では三島くらいだろう。

ところで私がこうした気違い道を述べるのは、彼らの頭は死中に活を求めて思考するから、常識というものが通用しない。そうなれば彼らの中に多くの陰謀家、策略家が現われるのは当然のことである。ところが多くの日本人は「逃げ走る」「考えないことは良いことだ」の世界を生きて来たからそういう思考が一切できない。つまり竜馬に熱中する妖精の頭である。

今一つ、戦後の日本人に武士（侍）というものが分っていない一例をここに挙げる。

私は世界の黒沢明にケチを付ける気はないが、と言えば嘘になる。ケチを付ける気なのである。つまり黒沢にも武士というものがまったく分っていなかった。

彼の代表作に『七人の侍』がある。ストーリーは、野武士の一団による農民への略奪に対して、七人の善良な侍が戦いを挑み、守るというものであるが、初めて観たときから「変な映画だ」と思ったのを覚えている。当初はなにが変なのか分らなかったが、こうした武士と農民との歴史的関係は日本人の歴史的古層にはない、という事実に気づいたとき、事の本質が分った。

それでは『七人の侍』とはなにかと言えば、それはマカロニ・ウェスタンならぬジャパニーズ・ウェスタンだということである。つまり悪いインディアン（野武士）が良い白人（農民）から奪略しようとするのを、騎兵隊（良い武士）が救おうというものの日本版だ、とうことである。だからアメリカ人にも受けたのである。つまり黒沢は無自覚にせよ、マネをしたのである。

ところで私がなぜ武士道というものを持ち出したのかと言うと、武士道という気違い道と、キリスト教とがある面似ていることである（違いについては後述）。つまりキリスト教とは気違い教だということである。言い換えれば、キリスト教も自己偽善を通して、自らを宗教的、肉食動物的集団ヒステリーに陥らせることによって、成り立っている宗教だということである。それは殉教が、まともな人間に理解できぬことを考えれば分ることである。

戦後の日本人に気違い道が分らぬようにキリスト教も分らなかった。そのことは、彼らの宗教的、肉食動物的集団ヒステリーのもつ性格が分らぬと彼らの思想も分らぬ、ということである。それは日本人が「囲われ者民主主義ごっこ」にうつつを抜かしている現状に照らせば明らかだろう。

それは明治期の日本人キリスト教徒が皆、「私」を持つ武士出身者だったこと、また福沢に西洋文明が理解できたのも同じである。しかるに戦後の日本人は民主主義が、キリスト教民主主義だということさえ理解できぬのである。

人類は権力への意志に向かってあらゆる暴力行為を行ってきた。ところが近年、妙なことが起り始めている。それは「核兵器のない世界」を言う個人、団体にノーベル平和賞が授与されるという珍事である。なぜ珍事かといえば、戦争とはルールのない、何でも有りの戦の世界である。審判はいない。ところがそこにスポーツのルールのようなものを持ち込もうというのである。無理な話というより、私はむしろ逆だと思う。つまり、「核兵器のある世界」にすべきだと。

なぜなら、核兵器を持つ国は、持たぬ国に戦争を仕掛けることはできるが、その逆は成り立たない。つまり「核兵器のない世界」とは核保有国の嘘っぱちであって、自分たちは核兵器を廃棄する気などさらさらないが、他国に持たせてしまえばそれだけ自国の軍事的プレゼンスが低下することを恐れての、大嘘だということである。そしてそれにノーベル平和賞まで加担しているという事実である。知っていて加担しているとなると質が悪い。それとも彼らは科学的知識・技術は廃棄できぬ、ということも分らぬほど無知なのか？

私は核保有国自らが、核戦争の審判者となるべきだと思う。核保有国が、核保有国に核兵器を打ち込めばどうなるか、自らが審判（判断）者となるべきだと言うのである。

それにしても西洋人（キリスト教徒）とはつくづく傲慢な人種（宗教）であると思う。彼らは自らも自然の一部であり、自然と共生して初めて存在し得る存在だという自覚を失ってしまっている。彼らは自らが神であり、自然を支配し、破壊し得る存在だと、無意識にも考えているのではないか？　それは無意識の領域のことであるにしても、自分たちだけが神に保証されたヒトたる存在であり、その他の非キリスト教徒はモノでしかないかのように見る傲慢さである。だからアメリカの残虐な歴史が生れたのであり、また過去のヨーロッパ史、ナチス・ドイツ、スターリーニズム等が存在したのである。

彼らは自然をモノ化し、支配し、破壊し、その結果、原子爆弾などという狂気の兵器を作り出しておきながら、今更、それが悪魔の兵器だから廃棄しようなど、とんだお笑い草である。それ以前に西洋文明がキリスト教という悪魔の宗教を生み出し――キリスト教は本来、隣人愛の宗教だということも忘れ果て――、また、たとえ西洋が戦争社会だからと言って「私は考える」という悪魔の思考を生み出し、それらをすべてを戦争に注ぎ込んだ結果が、原子爆弾だという事実を自省しない限り、いくら「核兵器のない世界」などと言ってみても無駄である。

そのいい証拠が「核兵器のない世界」と言ってノーベル平和賞を授与されたアメリカ・オバマ大統領のその後である。彼は受賞記念講演で「正しい戦争はこれからもする」と言っているのである。彼の頭にはなにが「正しく」なにが「間違い」であるかの基本的定義がない。ただキリスト教徒である彼は、神に保証された「私」の考えは「正しい」というに過ぎない。そうであれば、他の宗教において「私」の「正しさ」を保証されたものが存在すれば、両者はなんの根拠も持たず、洗脳された「正しさ」をもって衝突し、戦争するしかないだろう。つまり「核兵器のない世界」とは単に他国にそれを持たせたくないだけのことなのである。

人類はどうやらこうした低次元の「正しさ」から抜け出せぬ宿命にあるようである。ヒトが「正しい」と思っているのは「正しい」のではなく、「力（権力）への意志」が「正しい」と感じさせているだけなのである。

私は人類が「正しい戦争ごっこ」の末に、「核戦争ごっこ」によって亡びる確率は少なくないと思っている。しかし人間は自分の知能が類人猿より劣っているという自覚がない。「正しい戦争」などと小供のようなことを言っている限り、そこから抜け出すことはできぬだろう。

キリスト教文明は完全にどこかで狂ってしまったのである。彼らは自然と共生する思想を持つことなく、非自然物を作り出し、それを戦争に用いた。キリスト教文明が将来においても、自然に還れぬ限り、「核兵器のない世界」は訪れまい。口先での「核兵器のない世界」という言葉が、どれほど不毛であるかを西洋人が理解する日はやって来るのだろうか、多分来ないだろう。

話を真珠湾陰謀説に戻せば、私はその説そのものを問題としたいわけではなく、質を糺したいのである。具体的にいえば、日本人の思考法の問題である。すでに引用した秦氏の著作から更に引用させてもらう。

「このルーズベルト陰謀説は、私に言わせれば荒唐無稽です。しかし、日本人としては、そういう話は耳に快い部分があるのだと思います。ですから、これからも何度も繰り返し出てくるでしょう。いろいろな人からルーズベルト陰謀説について意見をきかれます。説明すると長くなりますが、もしルーズベルトが日本に先に手を出させる目的の陰謀を考えたとしたら、攻撃が始まる直前に、大統領命令で真珠湾の太平洋艦隊に出港命令を出せばいい。出た後なら空打ちになるが、それで目的は達せるじゃないかと言うと、大体皆さんがそれはそうだとおっしゃいます。／ところが、納得できない人もいます。相当な損害が出ないとアメリカの世論は興奮しない、対日開戦にならないから、やはりルーズベルトは、半分くらい沈められる覚悟をしていた。全滅されるほど日本飛行機隊の技量が高いとは思わなかったので、その辺は見当が狂ったのであると言われると、私も困ってしまうわけです」

これは日本人の農工商的常識論である。もし「空打ち」にでもしたら、陰謀家である彼らはルーズベルトの陰謀を嗅ぎ付けてしまうだろう。それを悟られぬためには、多くのアメリカ兵が死ななくてはならなかったのである。

このことはこの書の「第一章　権力（力）への意志論」で、私は権力というものは「草食動物的集団ヒステリーに陥っている貧困層（失業者）に武器を与え、肉食動物的集団ヒステリーに仕立て、兵士として戦場に送り出し、間引くと同時に、敵兵を間引くことによって、それの齎す価値（富）の拡大をするところに生れたものである」と記したが、ルーズベルトのやったことはまさにこれである。権力者である彼はまずアメリカ人自身を騙したのである。すなわち大東亜・対米戦争の本質とはルーズベルトの（彼自身それを自覚していたかどうかは別として、つまり彼に自己偽善の意識がどこまであったかは分らぬが）失業者対策として行ったことなのである。これが権力者の権力（力）への意志へのクズ性である。そして両国の戦死者は、彼のクズ性の下に死んでいったのである。民主主義とはその程度ものなのである。ところが、日本人にはそれが分らない。それは妖精である秦氏も同じである。まず氏には彼らが気違い教の信者であることが計算に入っていない。ルーズベルトも、彼の同時代人のヒトラー、スターリンと同じくらい、日本人の常識で計れぬヒステリー性を持っていたとしても不思議ではない。その常識が日本人には分らない。何故そうなるのかと言えば、外国人も日本人と同じように考えているというミラー・イメージに陥って思考するからである。

それは戦後、武士が存在しなくなった日本に、キリスト教の持つ宗教的・肉食動物的集団ヒステリーを理解できる者がいなくなった、ということである。だからヒトラー、スターリンの内面を見ることもできず、ただ悪人という上っ面でしか見ることができぬのである。

例えばヒトラーは同じドイツ人であるにも拘らず、ユダヤ教徒だという理由だけで財産を没収し、あげくにホロコーストに追いやった。またスターリンは、反革命分子を粛清するのに、無差別に人民一千名を粛清すれば、その内の何割かに反革命分子が含まれているはずだ、という論理で粛清を行った。

こういう宗教的（共産主義も所詮、宗教である）・肉食動物的集団ヒステリーを、戦後の日本人の草食動物的集団ヒステリー（「考えないことは良いことだ」）の頭で考えても理解できない。所詮「悪人」止まりである。

それはルーズベルトにも言えることである。そもアメリカ人（白人）の宗教的・肉食動物的集団ヒステリーは、アメリカ原住民を虐殺し、黒人奴隷を拉致し、今度は権力者自身の保身のために日本を亡ぼそうとした。そうした彼らのヒステリー性が日本敗戦直前に、無差別空爆を行い、それに駄目を押すように二発の原爆を、それも一般庶民の上に落すなど人間のやることか（トルーマンはそれを小躍りして喜んだという）。彼らは神に魅入られた悪魔である（それはキリスト教史において悪魔が常に、神の側近くに控えていたことからも明らかだろう）。そう考えれば、ルーズベルトが自国の勝利のために、アメリカ兵を悪魔の生け贄にしたとしてもさほど驚くには当らない。それが日本人の常識では考え及ばぬ彼らの宗教的・肉食動物的集団ヒステリーなのである。

それに比べて、妖精の頭は「清水の舞台から飛び下りる」くらいの積りでアメリカと戦争を始め、敗けるやたちまち、「過ちは繰返しませぬから」「間違った戦争」のような囚われ者の本性を現わすことになったのである。

さらに私は日本人の思考法を、すでに挙げた秦氏の『現代史の虚実』からヒントとして取り上げたい。

まず戦後の日本人にはまったく「考える」能力がない。真珠湾陰謀説一つを取っても、日本人はその一つも作り上げることもできず、ただ、たとえばスティネットの『真珠湾の真実』に熱中する十二歳の少年である。また秦氏にしても「虚偽だらけの本です」というだけで、自説を開陳するわけでもなく、さらに真珠湾において「ルーズベルトは半分くらい沈められる覚悟をしていた（生け贄を出す積りでいた）。全滅させられるほど日本飛行隊の技量が高いと思わなかったので、その辺の見当が狂ったのであると言われると、私も困ってしまうわけです」（傍点堀江）としていることである。

ところがスティネット氏に限らず西洋人は「虚偽だらけの本です」などと言われようと、決してその言葉を受け入れぬだろう。スティネット氏は、氏なりに資料を集め、その神に保証された言語（彼らの言語観とはそうしたものである）を、氏の論理によって構築し『真珠湾の真実』という言語体系を作り上げたのであれば――もっとも氏がもともとペテン師であるなら話は別だが――秦氏はよほどの虚偽の証拠を持ち出さぬ限り、スティネット氏が「虚偽があったこと」を認めることはまずないだろう。

彼ら言語（思想）体系を生きる人々を日本人が理解できぬのは、彼らに「虚偽がある」と言ったところで、彼らはそんなことは相手にもしないだろう、ということである。彼らは相手に虚偽を指摘されたら、それに対して膨大な資料（言語体系）をもってその訂正を求めるだろう（彼らが言語（思想）体系化したがるのは、彼らがキリスト教徒であり「私」の世界を生きているから、言語（思想〕体系化することによってしか、擬似群れ本能的価値の社会の中で強い「私」を維持することができぬという、西洋文明の体質があるからである）。それはカント、ヘーゲルにしてもそうであるし、また資本主義を否定したマルクスにしても『資本論』という膨大な書物を以って臨んだことからも明らかだろう。それは彼らだけが特別であるわけではなく、西洋人の思考法そのものがそうだということである。

さらに西洋人は常に「私は考える」人間であるから、秦氏の半ば愚痴のような「私も困ってしまうわけです」というような不明瞭な思考状態に陥ることはない。彼らはどんな状況に置かれても（彼らは戦争社会を生きてきたから）、「私は困る」という思考は一切しない（むろん日常においてはあるだろうが）。そんな「困る」状態で思考していたら、西洋戦争社会では生き残れぬのが常識だから、彼らはいかなる状態にあっても「私は考える」のであり、その答えは「イエス」か「ノー」しかないのである。西洋人が日本人の曖昧な返答を批判する理由はそこにあり、それは日本人が「村」社会という仲間社会を生きてきたからである。つまり仲間の「空気」を壊したくないから曖昧な返答をするのである。

私がかつて島津義弘を取り上げたのは、彼によって戦争社会を生きる武士の思考法が理解できたのと同時に、彼の思考法が西洋人のそれと類似した「私はこう考える」思考法を取ることである。つまり彼は一切「困る」という思考状態に陥らなかったのである。それが彼をして、退却に当って家康本陣に突っ込むという手段を取らせることになったのである（それは西洋人が社員を解雇するのに、少しも困ったりしないのと同じである）。

ここで、この項の終わりに日本人の思考法と関連したものとしてその、宗教観について一言述べておく。

日本人はおよそ幕末まで、自然という神々と遊び、時にはその災厄に苦しみ、彼らに祈り、そして危ういものから「逃げ」ていさえすれば、一応の平安は保たれた。そこではおよそ言語体系など無縁であって、自然と人々とが交わり合っていればよい世界であった。

日本人は歴史的にそういう古層を形作っていった。それが大東亜戦争の敗戦によって武士が消滅すると、日本人の持つその農工商の歴史的古層が、資本主義体制にたまたま合致していたため、日本は高度経済成長をすることができたのである。が、それは全く、たまたまに過ぎなかった。なぜなら日本人は歴史的古層に資本主義の思想を持たなければ、また民主主義にしても単に「村」社会談合派閥主義に過ぎなかった。

だが「私たちは考えない」空っぽ頭は、その経済成長を自国が一流国に復帰したものと錯覚し浮かれた。その付けがバブルである。そしてその後、空っぽ頭は「失われた三十年」と自らの愚かさを棚に上げて嘆くのである。

日本人の「考えないことは良いことだ」頭は、日本人がなにを失ったかなどまったく考えない。それが日本人の魂であることを。

金《かね》という見せ掛けの魂に身を売った日本人は、自殺に走るか、信仰宗教に走るかしかなかった。その新興宗教の一つがオウム真理教であり、彼らの起した地下鉄サリン事件を含む一連の事件である（オウム事件とバブルとは日本人の無知の両輪である）。

所詮、日本人は「妖精」であり、囲われ者であるから「考える」ということをしない。オウム事件に対しても「麻原による洗脳」だとか、「オウムの闇」などという無責任の体系者らしい他人事《ひとごと》のようなことしか言えない。「考えないことは良いことだ」の日本人には、「自分らが闇」だということが自覚できない。

戦後の日本人は明確な日本人としてのアイデンティティーもなく、安直にGHQの洗脳に陥り、安っぽい民主主義（それを如実に示しているのが日本国憲法）に染まり、さらに西洋化に走った。その空っぽ頭は、自分がGHQに洗脳されている、という自覚さえできなかった。そんな連中が、オウム事件は麻原による信者への洗脳によるものだとは、お笑い草である。

そも洗脳というものの意味が日本人には分っていない。すでに述べたように、ヒトは「嘘つきごっこ」の世界を生きている。つまりヒトは洗脳による嘘（価値）の世界を生きているのである。それをニーチェは「主体は虚構である」と言った。自分が洗脳されていない世界を生きている、などと思うのは、馬鹿者の寝言である。誰だって洗脳の世界を生きているのである。むろんニーチェや私のように洗脳されていない世界を生きた経験を持つ人間もいる。が、そこはニヒリズムという地獄のような世界であって、それを経験したから洗脳のなんであるかが分ったのである。

ヒトが、自分が洗脳された世界を生きている自覚がないのは、ヒトが価値（の拡大）の世界を生きているからである。

それはキリスト教という宗教を考えるとよく分る。

西洋は戦争社会であり、彼らの日常はあまりに過酷であったから、彼らはキリスト教という嘘で自らを騙すことによって、つまり自己偽善により自らを騙す(洗脳する)ことによって、神の持つ絶対的価値の前に自己を無化することで、日常的苦痛から癒されたのである。彼らはそこまでを自己を無化できたから、気違い教信者になれたのである。宗教における洗脳とはそのようなものである。

つまり戦後、空っぽ頭の日本人はGHQによって金《かね》とモノとの世界(資本主義)、そして民主主義という安直な思想に洗脳されてしまったのである。なぜそうなったかと言えば、戦後、士のいなくなった日本には、農工商という歴史的古層の空っぽな人々だけになってしまったからである。しかも戦後の飢えた日本人にとって、金とモノとは価値の拡大となったから、そちらに走ったに過ぎない。しかも妖精の頭には思想というものが一切ないから「バブル」にはしゃぎ「失われた三十年」と嘆くのである。つまり日本人が文明・文化として持っていた伝統、思想といったものを十二歳の少年は一切理解できず、ただ西洋にかぶれただけなのである。そんな日本にどんな未来があるというのか?

そうであれば、そんな日本において「妖精」のように生きていた未来のオウム信者となる人々に、日本人は一切の価値を与えることができなかった。

そんな彼らに運の悪いことに、麻原のような気違い教教祖——彼はあまりに幼稚（考える能力がない）であり過ぎたが、後にオウム信者となる人々も同様であった——が現われて、そして言った。

「諸君の不幸は、諸君になんの価値も与えられなかった戦後の日本にある。日本は悪である。よって日本を亡ぼしオウム真理教国家を作れば、諸君の幸福は取り戻せるだろう」と。

彼らはいとも簡単に洗脳され、地下鉄サリン事件等に走って行く。

洗脳とは、一般的に言えば、低位の価値にある者が、より高位の価値を示されると、それに向かって前者から後者へ移っていくことである。それはかつて資本主義から共産主義へ移って行った人々と同じである。しかしそれは上手く行かなかった。ヒトは価値（言語）だけで生きる者ではなく、その価値（言語）の背後にどれだけの力への意志と、そのクズ性が働いているかが問題となるからである。

オウム真理教の信者も同様に、戦後日本の価値よりも、オウムのそれの方が高いとし、そちらの価値に移って行ったが、結局それは国家（国民）の受け入れる価値とは著しく齟齬し、ついに衝突するに至り破滅していった。
そうしたオウム真理教の自己偽善（自己を価値の拡大の方向に騙す〔洗脳する〕こと）の発想は、アメリカの気違い教の大統領ルーズベルト（彼の方がはるかに賢かったが）の行ったことと、それほど変わらない。ただ彼は麻原と違って、すでに大きな権力を握っていたから成功したのである。

さらに彼にとって日本人は異教徒（多神教）であり、それがキリスト教化の可能性のある（蒋介石の）中国を脅かしていると自己偽善化した結果、どうしても日本を潰さなければならぬ、としたところに真珠湾陰謀説の本質がある、と見ることもできる。

さらにまた、白人キリスト教徒以外をヒトと認めぬ（アメリカ原住民の虐殺、黒人奴隷等）、そんな宗教的集団ヒステリーに陥っている彼らは、日本人一般庶民に対する無差別空爆、原爆投下を喜んで狂ったように行って行ったのである。これが宗教のもつ自己偽善という気違い性である（とにかく日本はアメリカと戦争する気などさらさらなかったのだから。ルーズベルトは景気回復〔利益〕のために戦争を仕掛けたのである。民主主義とはそんなものである）。

これら二つの宗教は、賢愚、勝敗を別にすれば本質的にどれほどの違いがあるのか。アメリカがオウム真理教同様にサリンを撒いたのと、どれほどの違いがあるというのか。それを「過ちは繰返しませぬから」「間違った戦争」だといって善人ぶっている日本人を見ていると「あんた頭がちょっと変じゃないの」と言いたくなる。つまりそれが「妖精」なのである。だから「米国の民主主義を愛する人たちが作った憲法なのだからあくまで擁護すべきだ」になってしまうのである。これは妾が旦那を擁護する言葉である。そのことが「妖精」には分らない。

それは「オウムの闇」などの問題ではなく、「戦後日本人の闇」である。「妖精」には人間が抱える本質的闇が分らない。つまり「意識にのぼってくる思考」「最も相悪な部分」を思考(ひどい場合は思想)だと思って、その底辺に眠っている闇が見えぬのである。

今一つ問題となるのは、自然科学(ここではサリン、原爆)の問題である。自然科学(化学、物理学)そのものは価値を持たない。自然科学者はその対象物に価値を持たず——あたかも数字を扱うように——その意味においては実につまらぬものである。そこでなに者かが価値——たとえば国家のためとか、宗教のためとか——を与えると、自然科学者は小児のようにその価値にのめり込み、自らの学問に価値が与えられたかのように、その拡大に走る。原子爆弾製造に携わった物理学者も、サリン製造に携わったオウム信者もその意味では同様である。だから原爆製造が善で、サリン製造が悪だというようなことはない。これが自然科学者の担う宿命であることを、広島・長崎の原爆投下や地下鉄サリン事件の背後にあることをヒトは肝に銘じなければならない。

日本人奴隷（妾）農民論
——キリスト者デカルトの「私は考える」は悪魔の思考

私がこの項を書こうと思ったきっかけは、戦時下にあるシリアで、三年四ヶ月監禁、拘束されていたジャーナリストの安田純平氏が解放された折に起った自己責任論である。当然、自己責任はあるし、本人もそれを認めている。

私が問題とするのは、彼に責任があったかどうかではなく、こうした紋切型発想しかできぬ日本人の低思考体質である。つまり「私たちは考えない、故に私たちは正しい」とする江戸時代の「村」社会農民思考を歴史的古層に持ち、その上で「私は考えている」と思っている――これは実質「空気」を読んでいる――幼児(妖精)性である。だから日本人の思考は、西洋人の「私は考える」思考(思想)に対しては、すべて上滑りなものになってしまうのである。安田氏に対する自己責任論もその一つである。

以下、安田氏のことを切っ掛けに、日本人とはいったいどういう思考法をしているのか、というところに視点を置くと同時に、西洋人の思考法についても触れておく。

まず私が考えたのは、戦争とは時に実につまらぬことから起るものだということである。それは第一次世界大戦が一発の銃弾により、オーストリア皇太子が暗殺されたことによって始まったことである。むろんその背景には、関係国家間が緊張状態にあったことも無関係でないのは言うまでもない。

その状況は、現在の東アジアにおいても同様である。これから私が描くシナリオは最悪というより、あくまで私にとっては現実的なものである。現実的とは、たとえば中国と日本(この際日米同盟は考慮に入れない)とが、戦争状態に入ってもおかしくない緊迫関係にあったとしよう。恐らく日本は戦わず不平等な講和を結び属国的地位に成り下がるだろう。なぜなら、憲法九条を支持し、

「逃げ走る」属国好きの国民性からすれば、当然そうなるだろうから。これは日本人の歴史的古層が過去の「村」社会生活の中で奴隷農民（妾）化してしまっているからである。

次に自衛隊が解体され（そも九条を持つ戦う気のない国民ならそうなるだろう）、日本を完全に無力化してから、今度は日本をチベット化、つまり自国の領土とすることになるだろう。さすがにすぐには私有地を取り上げることまではしないだろうが、いずれするだろう。それは日本でも似たようなことが実際起っているからである。それは明治維新の版籍奉還（中央政府が各藩より土地と人民を取り上げたこと）、廃藩置県（藩を廃し代わりに府県を置いたこと）である。これによって多くの武士が失業者になったが、当時、武士の時代であってさえ、西南戦争を除けばたいした武士の反乱は起らなかった。それが今日、歴史的古層が奴隷農民化している日本ではなにも起らぬだろう。

つまり中国が日本の領土、経済力、技術力等を手に入れようという野心を抱いてもおかしくないということである。しかも属国好きの日本人が相手であれば。それとも日本に核武装してでも抵抗しようとする気概が残っていれば、話は別だが。

なんで私がこんなシナリオを現実的なものとして書いたかというと、日本は民主国家でもなければ市民が存在する国でもないからである。それは日本人が軍事力なしに国家が存在し得るという、間の抜けた国民だからである。日本人のやっていることは江戸時代農民の「民主主義ごっこ」である。戦う主人（市民）の存在しない民主国家など世界のどこにも存在しない。

たとえば大江氏がアメリカで発言した「米国の民主主義を愛する人たちが作った憲法なのだからあくまで擁護すべきだ」は主人が作った憲法を奴隷が擁護しているに過ぎない。氏に自分が奴隷だという自覚がないのは『アーロン収容所』の日本人将校と同じである。

同時に氏には民主主義がまったく分っていない。民主主義とはキリスト教民主主義のことであり、国家ぐるみで侵略、略奪等を行う政治思想だという認識がない。それは英米等の歴史を見れば分ることである（西洋で暴動等の際、略奪が当り前のように起るのはここに理由がある）。

こんなことをアメリカで言う日本人は、彼らにしてみれば、「頭がちょっと変なのか」と思われても仕方がない。西洋人が日本人のナイーブさ、御しやすさにびっくりするのは当然だろう。

それにしても日本奴隷農民の頭が、ここまで西洋を美化し、洗脳されてしまっていることには驚かざるを得ない。これは江戸時代の奴隷農民の歴史的古層を彼らが持っているからである。

私がここで奴隷というのは、武士の囲われ者（妾）だということである。国家を担っていたのは武士であるから、囲われ者奴隷農民の歴史的古層に国家意識はまったく生れない。つまりアメリカが作った憲法を擁護しようという発想は、国家意識のない囲われ者のそれだということである。アメリカが外国だという自覚さえない。その上ずっと囲われ者（妾）で生きてきたから「考える」能力がない。日本が民主国家だというのなら国民（市民）一人一人が議論し自国の憲法を作るのが当然であるのに、囲われ者にはその能力がない。と言うより考えもしない。長年、囲われ者農民を続けてきた結果、それが歴史的古層化してしまい、主人（旦那）の言うことを唯唯諾諾と聞く妾と化してしまったのである。そも日本国憲法を改正するかどうかなど、まともな市民のすることではなく、妾の議論である。つまり日本の民主主義とは、主人（旦那）から与えられた民主主義に興ずる「奴隷（妾）農民の政治ごっこ」である。

私の言いたいことは「属国になりたい」「戦争の放棄」等をもってして、自国に対して一切責任を負うということをしない人間が、よくも安田氏の自己責任など問えるものだということである。それは妾の軽佻浮薄、付和雷同性でしかない。日本人とは、つくづく無責任の体系者だと言わざるを得ない。日本奴隷農民にとって主人は誰でもよく、楽な奴隷（妾）でいたいだけなのである。日本国憲法はまさにその象徴である。つまり憲法九条とは「戦争はしません、どうか妾にして下さい」と言っているようなものである。アメリカが日本を奴隷化するために日本国憲法を作ったのだとしたら、それは見事図に当ったと言える。

話をやや逸す。

それは日本人の歴史的古層の問題である。現代の日本人の歴史的古層にあるのは封建制までであり、民主制の要因は微塵もなく、しかも民主制とは侵略、略奪を目的とする政治思想であるから、当然、治安は悪くなり法治制を取らざるを得なくなる。それに対し江戸時代の治安がよかったのは徳治制を取ったからである。

私はそれをヒントに自分の理想的国家像を封建的徳治国家として描き出そうとした。身分制を取り入れ、士農工商を士民と平民とに分ける工夫もした。しかしそうした国家像を作ってはみても、今日の日本人の歴史的古層に「私は考える」ことのできる主人（かつての武士）はおらず、囲われ者農民である「私たちは考えない」「空気」を読むことしかできぬ人々しかおらぬ、という現実である。「囲う者」（かつての武士）のような思考のできる者がいて、初めて日本国は統治できるのである。であれば日本は自ら主人（旦那）を育成しなければならない。しかし今日の日本にはアメリカという旦那の作った憲法だから擁護すべきだ、という妾の発想しかない。

私は日本国憲法のことだけを言っているわけではない。今日の政界、言論界、思想界（そんなものはないが）、教育界等といったほとんどが、西洋の囲われ者思想に基づくものだということである。

曰く、「西洋ではこうである」、「西洋人の誰某《だれそれ》がこう言った」の類である。つまり一切「私は考える」ことのできぬ西洋の鸚鵡だということである。

では、どうして日本人が囲われ者（妾）思考を持つことになってしまったのか、一応その歴史を述べておく。

日本人は戦国大名や藩といったものは持ったことはあっても、西洋の国家に当る概念を持ったことがない。西洋における国家間の戦争とは負ければ国家が消滅することを意味する。それは古代ローマに負けたカルタゴが無残に消滅したこと――それは日本でも戦国時代、消滅した大名は数知れない――からも明らかだろう。

ここでは西洋史の詳細は省くが、彼らが国民国家を作った時、戦争にもっとも強い国家として、国家への責任と義務から成る徴兵制に基づく民主国家に行き着くことになった。ところが日本では戦国乱世であっても、農民は「逃げ走る」奴隷でいられたのである。むろんそれが可能だったのは武士が農民に食わせてもらっていたからである。つまり農民は江戸期を通じて歴史的古層において完全に武士の囲われ者（戦うことをしない妾）となり、一切の「考える」能力を失ってしまったのである。

そして明治維新である。ここでも旦那（主人）と妾（「逃げ走る」農民）との関係は変わらなかったが、妾はそれまでと異なり「逃げ走る」ことができなくなり、徴兵されることになった。妾は力もなければ、考える能力もないから仕方なくそれに応じた。

しかし明治の終わりとともに旦那（武士の抹裔）がいなくなると、日本は妾だけで国家を経営しなければならなくなった。その結果が大東亜戦争の無残な敗北である。

そして代わりにやって来たアメリカが、「逃げ走る」妾に日本国憲法を作ってやり、エセ民主主義を与えてやったから、彼ら妾にとっては願ってもない旦那となった。だが今度の旦那は外国であり、もし捨てられたら日本は再び妾だけで国家を経営しなければならなくなる。それは大東亜戦争の二の舞になるかもしれぬ、ということが妾には分らない。

そうであれば、日本人がまずやるべきことは、囲われ者（妾）思考から抜け出し、一身独立する事である。

むろん日本人に、歴史的に言っても西洋のように市民を生み出すことは不可能である。日本で唯一「私」で考えることのできたのは武士だけであった。特に私がここで取り上げるのは吉田松陰、西郷隆盛である。彼らが偉人扱いされているから取り上げるわけではない。二人の共通性である。

まず彼らは武士でありながら剣が使えなかった。それでいて暗殺も辞さぬ策謀家でありながら、人を愛し、人々に愛され、そしてなにより国家のために、自己の命を幣履のごとく棄てることができた。

私はいまさら彼らの業績を述べる積りはない。そうではなく、江戸二百六十年間の太平の世に、彼らのような無名な人物が何人もいただろうと推測されることである。なぜそう推測するのかと言えば、突然変異のように彼らが現われたはずはなく、彼らのような人物を育成できた教育制度があって、初めて彼らのような人物が出現したと考えるのが自然だからである。

日本人が西洋かぶれ（囲われ者）から脱するためには江戸時代（特に武士）の教育の有り方を掘り起し、学び直すことから始めるしかないだろう。

あるいは今日の市井に、そうした無名の人物がいるかもしれぬから、今の金太郎飴のような学者・教育者（西洋の猿マネをする人物）を廃し、そうした人物を登用してでも、「私」で考えることのできる人間を育成することが喫緊の問題である。人がいなければ国家は成り立たない。福沢の言う「一身独立して一国独立する事」である。

だから私の政治思想は民主制ではなく封建制であり――日本人は歴史的古層に市民意識を持つ者がいないから――囲われ者でない「私」で思考する士民を育成し、囲われ者は平民として身分を区切るのである（ただしかつての封建制身分社会とは似ても似つかぬものである）。

政治に関しては基本的に士民の選挙によるものとし、また政治家は特にその素質のある者を合議によってその地位に着かせるものとするが、権力の頂点にある者を選ぶには選挙のようなものによって選出するしかないかもしれない。むろん政治資金、政治運動の範囲は士民の徳に任せる（もともと徳のないものは士民になれない）。従って彼らに名声は与えられても、富は与えられない。

私の国家構想はいまだ現実的なものではないが、基本的に江戸時代を下敷きにし――なぜなら現代の日本人の歴史的古層はそこから生れたものと言っても過言ではないから――それを現代に適応できるものに作り直そうと考える。むろんその理由はここが西洋ではなく、日本だからである。つまり日本人は西洋人の歴史的古層を持っていないのだから、彼らをマネてもすべて猿マネになってしまうだけである。

私が武士にこだわるのは、彼らは猿マネせず、自らの頭で考えることができたからである。と同時に自らの思考に誇りを持ち、それがかつて志士に尊皇攘夷思想を抱かせることができた。

これは以前にも瑣末なこととして触れたことがあるが、囲われ者になるとどうなるかを示している一例である。

海水浴場でビキニ・スタイルの娘の姿を撮影すると、盗撮者として迷惑防止条例によってその者は警察にしょっぴかれる。

問題はその盗撮者の本音が、ビキニ姿の娘の写真が欲しかったわけではないことである。なぜならその種のプロの水着モデルの写真集など、金を出せば簡単に手に入れられるからである。また、迷惑防止条例で訴える娘にしても自分がなんで訴えているのかの自覚がない。つまりなんだか分らぬが、戦後のアメリカの政策によって、日本人自身よく分らぬまま女性の権利が拡大され、また女性自身も分らぬままその権利を振り回すから、こんなことになってしまうのである。

これは空っぽ頭の日本人が、西洋文明、日本文明のなんであるかも分らずに、自ら進んで前者の囲われ者になったから起ったことである。それまでの日本人女性は人前でビキニ姿の(ヘソを出す)ような裸体を曝すことは、恥ずかしいことだという思想を歴史的古層に持っていた。むろんその意識は男性の側にもあったから、敢えて盗撮に及んだのである。つまり彼女らはその恥ずかしさを隠蔽するために、アメリカから与えられた女性の権利を迷惑防止条例として濫用したのである。

それは別言すれば、その女性には「私は恥ずかしいからやらない」、という意思がないのである。日本人はすべてにおいて「私たちは考えない」世間の「空気」で生きている。だからアメリカから与えられた「空気」に訴えられると、司法の側も同じ「空気」で迷惑防止条例なるものを作る。日本人はそれほど「私は考える」ことへの自覚、というよりその意味が分っていない。

日本人は愚かにも西洋から入って来た女性の権利を、日本人女性が持っている歴史的古層を考えることなく猿マネしたから、このようなことが起るのである。こうした愚かさはかつて流行ったフェミニズムと同じである。日本人女性は彼女なりの歴史的古層を生きて来たのであり、またその自覚の下に生きればいいのであって、西洋にすべての価値基準があるわけでなく、それを劣等感と感ずる必要もないのである。日本人女性は西洋人女性と違った生き方を誇りとすべきなのである。

恥ずかしさとは国民的、民族的、宗教的歴史的古層にあるもので、それを理屈で解決しようとしても無駄である。

たとえば西洋人は男性の褌《ふんどし》姿を恥ずかしがるし、イスラム圏では女性が髪を公に見せることを恥とする。それは理屈の問題ではなく宗教的古層のそれである。

日本人の迷惑防止条例は、ただ西洋を猿マネする囲われ者の思考でしかなく、日本人が古層に持つべきは「私はこう考える」の意志である。むろん生易しいことではないが。

これは真珠湾陰謀説のところでも述べたように、日本人は旦那から言われたことを簡単に聞き入れ、自分の頭で考えることが一切なく――自分がどのような歴史を生き、歴史的古層を持っているかを考えもせず(『ベルツの日記』に見られるように)――ただ旦那の意見に従っているのが日本人の現実である。それは日本国憲法、民主主義を言う政治家・学者・知識人といった人々から、ビキニ・スタイルを盗撮されたと訴える娘に至るまで、一切「私」で考えることができぬ西洋(特にアメリカ)の猿マネ囲われ者国民だということである。

特に西洋かぶれの日本人――特に洋学者――に一言いっておきたい。それは戦後七十年、彼ら洋学者の中から一人としてまともな人間が輩出されておらぬという事実である。それに比べて明治期、福沢諭吉を筆頭に数多くの一流の学者が生み出されている。それは明治期の洋学者は皆武士出身者だからである。

たとえば福沢などは封建制を「門閥制度は親の敵」とまで言い、また刀などさっさと売り払うところからすれば、あたかも武士嫌いの観はあっても、実は彼はありとあらゆる漢籍を読み、また晩年に至るまで居合の稽古を怠らなかった根っからの武士である。彼は武士の「私」を身につけていたから、西洋の「私」を理解することができたのである。

それに比べて戦後の洋学者は「私」という視点を持たず（空っぽ頭で）西洋に行って洗脳されて囲われ者になって帰って来るだけだからどう仕様もない。日本人は市民（「私」）になれぬのだから（キリスト教という裏付けがないのだから）、まず武士教育によって士民意識（「私」）を身につけなければ始まらぬのである。

それが、すでに述べた吉田も西郷も武士であったから、「私」で考え国家を考えることができた、ということである。それが戦後「私たちは考えない」囲われ者では、どんなに知識があっても国家の統治などできない。

ここまで書いてきて、私が民主制から封建制へ、法治制から徳治制へ、さらに士民・平民などという、さながら時代錯誤のようなことを言っているかのように思われるかもしれない。しかし単に封建制より民主制の方が優れているというのは、なんの根拠もない洗脳によるものである。民主制は西洋の歴史的古層が必然的に生み出したものであるのに対し、日本のそれにはなんの必然性もない。日本人の歴史的古層には、いかなる意味においてもその要因はない。単なる西洋の猿マネである。

正直、日本人の考える能力のなさには呆れる。なんの必然性があって、西洋文明の猿マネをしなければならぬのか。さらにまた民主主義擬《もど》き、西洋思想擬き、また大学における洋学（経済学、政治学、哲学、文学等）擬きである。ここは西洋ではなく歴史と伝統を持った日本であり、そこに住むのは日本人であって西洋人ではない、ということさえ頭に去来しないのである。

すでに述べたように日本は島国であり、大陸との間に適度の距離が置かれ――戦争の可能性を希薄にし、また文化の流入が過度にもならず、稀薄にもならぬ位置にあっ――たことが、大陸の文明・文化の流入が日本人への恩恵（利益）になれば、「私たち」はそれをマネさえしていれば「考える」必要はないという体質を、囲われ者思考以前に日本人は歴史的古層に植え付けてしまっていたのである。つまりマネが上手であれば「考える」必要はない体質に、日本人は古代からなってしまっていたのである。

日本の歴史を繙いてみればマネだらけである。ほとんどなんの疑いもなくマネをしている。唯一、マネをしなかったと言えるのは、鎖国政策に走った徳川幕府位である。なぜ彼らはマネをしなかったのか？　それは彼らが「私は考える」武士であり、彼らはキリシタンを敵として考えるだけの能力があったからである。そしてそれは正しかったが、彼らの誤算は、西洋人が黒船を作れるまでに文明を発達させてしまったことである。そこでまた明治新政府はマネに走らざるを得なくなった。

正直、私はこれほど「考える」能力を持たぬ日本人を、同じ日本人でありながら奇異の目で見る（むろんそれが、日本が戦争社会でなかったからだ、と十分承知しながら）。

たとえば大江氏の「米国の民主主義を愛する人たちが作った憲法なのだからあくまで擁護するべきだ」である。いったい氏は何人《なにじん》なのか？（つまり自らの国家〔憲法〕を作ろうともしないで妾生活に安住している氏を何人と呼べば良いのか、という意味である）

また日本の歴史的古層を知らずして、暗記しただけの経済学、政治学、哲学等を教える大学教授、またそれを疑いもせず暗記する学生とはいったい何人なのか？

さらにまた、西洋思想の欠片《かけら》も理解できぬジャーナリストとは、いったい何人なのか？（これは朝日新聞を念頭に置いて言っている）

私の疑問は西洋文明のなにがよくて、日本人は西洋にかぶれるのかということである。むろん私は私なりの答を持っている。それはすでに述べたように、マネしてその恩恵（利益）に預かれれば、なにも考えずにマネする日本人の体質にあるのだと。だから日本人から思想と言えるようなものはほとんど生れなかった。それは別言すれば、日本人には西洋思想を理解できる素地がまったくない、ということである。日本人はマネすることを考えることだと勘違いしているのである。

戦後の知識人は「私」を一切持たず、西洋思想を「ああでもない、こうでもない」と言っている鸚鵡人種である。

日本のマネ文化は政治・思想の方面ではさんざんたる有様だが——なぜなら西洋人と日本人との歴史的古層の違いが分らず——しかしその高度のマネ能力は、歴史的古層の係わらぬ記憶層の表面においては、つまり数学、技術のような誰でもマネのできる分野（たとえば自動車のような方面）では著しい飛躍をとげた。

だがそれは三島の言うように「日本」はなくなり「無機的な、からっぽな、ニュートラルな……経済的大国が極東の一角に残る」だけとなるだろうと、私も思う。

ところでこれまで気になっていたことなのでここで再び述べさせてもらうが、それは私がキリスト教における「私は考える」が悪魔の思考だと書いたことが、変に誤解されているのではないか、という恐れに対する答えである。この問題の根本には、一神教(キリスト教)と多神教との違いがあり、それが分らぬと理解できない。それは「一」と「多」との違いというような単純なものではない。

ヒトは言語を生み出したとき、自然に神々を見た。自然がヒトを生かしてくれる恵みを齎せば、それは神々に値したからである。

すでに述べたヨハネ福音書の「はじめにことばがあり、ことばは神のところにあり、ことばは神であった」が示すように、名づけられた自然物は神々であった。

ところが紀元前一二〇〇年頃、ギリシャ、シリア、トルコ周辺に砂漠化が生じ、自然が失われることによって神々が死に、代わって天なる一神教(キリスト教)

が現われることになった。その性質からして当然――自然という恵みを持たぬ宗教であるから――、侵略、略奪によって命を繋いでいくしかない。古代ヨーロッパ（地中海世界）はそれでなくとも戦争社会であるのに加えて、キリスト教（それはすでにイエスの教えとは異なっていた）がそれに拍車をかける恰好になった。

本来、群れ本能的価値を営むヒトは、「私たちは考えない」でよかったものが、西洋戦争社会で生き残るために「私は考える」に変質していくのは進化から考えても自然である。もともとヒトは「私は考える」ことができぬのを（今日の日本人がそうであるように）、西洋人はキリスト教という疑似群れ宗教集団を作ることによって「私」をその群れに帰属させる（群れ本能的価値を偽造する）ことによって「私」であることを可能にした。キリスト教はある時から「私は考える」ことを維持するための疑似群れ宗教集団に変質したから、宗教の本来の性質（多神教）――自然に神々の恵みを見い出すこと――をないがしろにし「私」化に走ることを可能にしたという経緯《いきさつ》がある。それがキ・リ・ス・ト者・デカルトの「私は考える、故に私はある」である。そうした「私」であれば、かつての神々であった自然（多神教）にずかずかと手を突っ込み――それを自然科学と称し――そこから搾取、変容による富を見い出していったのが産業革命、武器革命等である。そしてそれによって世界への侵略、略奪を始めたのである。

つまり私がキリスト教における「私は考える」を悪魔の思考だと言ったのは、別に非難の言葉ではなく、キリスト者デカルトの思想「私は考える」と、原子爆弾とは一直線に繋がっているという意味である。そのことは今更、「核兵器のない世界」などと言っても手遅れだということである。

キリスト教は聖書に見られるように、その初期から悪魔を孕んでいた。西洋人自身恐らく気づいていると思うが、それはヨーロッパ史になぜ異端審問（魔女裁判）、宗教戦争のようなことが起ったか、という問題である。それはむろん西洋が戦争社会であり、ヒトが「私」化したことによって「私は考える、故に私は正しい」と考えることになったことと無関係ではない。

ヒトは群れ本能的価値なくしては生きられない。そこで彼らはキリスト教という疑似群れ宗教集団を作ったのだが、しかし彼らの内の正統な「私は正しい」（根拠はないが）とするキリスト教徒が群れ宗教集団を作ったとしても、彼らの内から正統を外れた者――「お前は正しくない」とみられる者――が出てくるのは避けられない。それを正統者の側からすれば異端視することになるが、彼らの思考法は「私は考える、故に私は正しい」ことによって初めて「私はある」から、異端とされても、それを正統なものに改めるということはできない。なぜなら「私は考える、故に私は正しい」であるが故に「私はある」のであって、「私」の考えを否定してしまえば「私」はなくなってしまう。だから彼らは命を賭けても「私の正しさ」のために戦うのである。そしてそうした異端者の存在は正統者側からすれば恐怖と感ぜられる。なぜならそれを許したら、正統性の基盤が崩れてしまうから。従って彼らは半ば宗教的集団ヒステリーに陥ってまでも、異端者（魔女）狩りと称して異端審問を行い、宗教戦争を行ったのである。つまり異端者とは外敵ではなく——外敵は異端者にも値しないモノである——獅子身中の虫なのである。たとえばパスカル（正統と見なせば）からすればデカルトは異端である。そしてその異端であるデカルトはプロテスタントの支持を受けている（私はこの辺の関係をよく理解せずに書いている。単にマックス・ウェーバーによるところのものである。しかしデカルトがプロテスタントの支持を受けているのなら、そこに資本主義の発端があったと見ることはできる）。そしてこの異端の「私は考える、故に私はある」に悪魔性が潜んでいてもおかしくない。なぜなら正信のキリスト教徒からすれば、「私は考える」も「私はある」もすべて神の下にあるものであって、「私は考える、故に私は正しい」とは、神なしでもよいことになるからである。

そうした異端の烙印を押された者の中から、アメリカ大陸に亡命する者が現われた。彼らはアメリカ大陸で民主政治を行うが、その反面、自分らに従わぬ原住民を片端から殺して行った。そして広大な大陸では労働力の不足が起ったから、アフリカから多量の奴隷を輸入することになった（それらを私は悪魔の思考と名付けたのだが、彼らにそんな自覚はさらさらない。それが一神教の怖いところである）。そして異端者である彼らアメリカ人は、ヨーロッパから自然科学的知識を取り入れることによって、産業革命を起し資本主義へと邁進し現代に至るのである。

戦後という平和な大東亜戦争

この項の題名は、私の精一杯の皮肉というところだろうか、つまり昭和二十年八月十五日、一晩眠ったからと言って日本人は何一つ変らなかった、ということである。

繰り返しになるが「無知という言葉があるが、それは知がないということである」と書いたが、日本人とはつくづく知力（考える能力）のない民族だと思わざるを得ない。マネする能力はあっても。そしてそのマネ能力を知力と勘違いしているのである。

知力とはよくも悪くも生命進化において、他者を食い殺して生き延びる能力であって、その進化がヒトに至っては、思想進化となり戦争に勝って生き延びることになったのである。これは善悪の問題ではなく、生命進化のそれである。

日本はガラパゴス的島国であったが故に、ヨーロッパのような戦争社会ではなかった。むろん日本にも武士による戦争はあったが、明治に至るまで国家としての戦争はなかった。しかも島国であったから、武士は支配者ではあっても農民に食わせてもらっていたという関係上、農民は戦争から逃げているだけでよかった。福沢の言う「逃げ走る」客分であり得たのである。ここに考える能力（知力）は生れようがない。

さらに日本は比較的豊かな島国であったから特に考える能力を発達させる必要もなければ、また外国との戦争もなかったから、大陸から時折入って来る文明・文化の内、自国に利益に成るものを取り入れ、それを自国の利益になるようマネし、洗練させる能力を進化させるだけでよかった。しかしそのことは、「私」で「考える」能力の進化を妨げることになった。

そうした日本人一般に対して、武士は例外であった。彼らは西洋戦争社会の市民と、軍事面では同じと考えてよい。しかも日本で「私は考える」という知力を持っていたのは武士だけであり、彼らだけに国家の統治能力があった。

ここに武士を除く日本人一般（農工商の内、特に農）の思考法が生れるのだが、それは世界に例のない極めて特殊な「村」社会のそれであった。その特殊の意味は、ヨーロッパ戦争社会においては、国と国との戦いであるから、農民が特別扱いされることはなく、戦闘に加わらなければならなかった（ここから民主主義という思想が生れてくるのである）。

日本が島国という限られた土地であれば、武士から農民に与えられる土地も限られていた。そうであれば「村」人は談合などにおいて、「おれが」を自己主張すれば争いになるから、彼らは止むなく、本音を言うことなく遠回しに自分の意見を述べ、それで「村」の「空気」を作り出し、それによる妥協の下に（各自、幾分損《そん》をすることで）それをシカタガナイ（カレル・ヴァン・ウォルフレン著『人間を幸福にしない日本というシステム』より）として受け入れるという歴史的古層（四次元身体）を育むことになった。と同時に、限られた土地に暮しているから、盗み、嘘といった「村」の秩序を乱すことは悪とされ、それを破る者は「村」八分にされ生きて行かれぬような掟が自然と生れた。

また、武士の定める掟にも通常、従順に従うよう馴らされて行った。これに馴らされたのには、武士は農民に食わせてもらっている関係上、彼らをあまり過酷に扱うことができなかった、という意味もある。ここに「考えないことは平和だ」という、無知で、おとなしい（シカタガナイとする）日本人の原型（歴史的古層）ができあがってしまったのである。

それが近代に至って、西洋列強の侵略により、日本国内に内乱が生じ、その結果、徳川幕府が潰れ、代って生れた西洋型明治新政府によって武士は消滅させられ、それでもどうにか彼らの末裔の存在によって、日本はある程度持ち堪えることができたが、それにも限界があった。彼ら武士が自らをそう扱ったのは、恐らく明治新政府は西洋をマネすることに急で、彼ら自らの持つ価値を忘失してしまったことによるのだろう。彼らは兵士に西洋の新知識を教えはしたが、武士の知力のなんであるかは教えなかった。戦争をするための「私」で「考える」知力を、である。

その結果、その後に起った大東亜戦争は「村」人政治家・軍人の知力のない「空気」の思考下で行われることになった。

それは例えば、大東亜戦争が東條の「人間、一生に一度くらいは清水の舞台から、飛び下りてみるものだ」といった性質の下で行われたことである。清水の舞台から飛び下りたらどうなるか、くらいの知力もなかったのである。

それに対して戦争社会を生きてきたアメリカ人は、日本のマネ技術によって開発された零戦《ゼロ》に悩まされていたが、その不時着機一機を丸ごと手に入れると、その機体を解体し、徹底的に研究し、その弱点を見い出すことによって、それに対抗すべくグラマン・ヘルキャットを開発し圧勝しはじめたのである。それによる零戦の損害対策として、日本軍司令部は緊急会議を開き、その出した結論が「大和魂があるじゃないか」では笑い話にもならない。

アメリカ人は戦争馴れした「私」で「考える」ことができたのに対し、日本人は「私たちは考えない」「村」人の頭なのである。それは八月一五日、一晩眠れば翌日には別人になれると考える幼稚さであり、それは今も外形こそ変れ続いている。

なぜ日本人が天皇制軍事国家から、一夜にして民主国家擬きになれたのかは、日本人の頭（歴史的古層）が「村」人という「私たちは考えない」空っぽ頭だったからである。そして日本人がアメリカ製民主主義擬きを歓迎したのは、単に「村」人にとって前の御主人様より良かった、というだけのことなのである。つまりアメリカ幕府下の「民主主義ごっこ」が気に入っただけなのである。

それは『アーロン収容所』の英軍中尉が、日本軍を誇りを持つサムライだと思っていたのが、奴隷に過ぎなかったと感じたのと同じである。しかもその無知な奴隷に安住している事実さえ認識できぬのである。つまり頭の構造（歴史的古層）そのものが、西洋のサムライと日本「村」人とがいかに違っているかに。

話はちょっと逸れるが、その例を挙げれば西洋人にとって、日本人の作るウォシュレットや、家電の多機能性、あるいは食べものへのこだわり、といったものが彼らには理解できない。彼らは戦争社会を生きてきたから、彼らの歴史的古層（四次元身体）にあるのは、戦争に勝つこと、生存の問題であって、従って彼らにはウォシュレット等にこだわる日本人が理解できない。

それはまた、なぜ日本人がアメリカ製自動車を買わぬのかが理解できぬのと裏腹の関係にある。彼らにとって自動車は動けばいいだけのもので、それ以上のことを考えるより、戦争に勝つことに頭を使用するのが当然だと考えるから、ハンドルが右だろうが、左だろうがどうでもよいのである。そのために知力、労力を使うという歴史的古層を彼らは持たない。それに対し彼らの銃へのこだわりを考えてみればよい。

そのことは歴史的古層にウォシュレットを作る思考しか持たぬ「村」人日本人に、西洋戦争社会を生き、またそうした歴史的古層（四次元身体）を持っている彼らの宗教、思想といったものが分るわけがなく、また分るはずもない、ということが認識できない。

そのことは日本人に民主主義が分るわけがなく、自分たちのしているのは日本人の歴史的古層にある「村」社会談合派閥主義という民主主義擬きを、アメリカ幕府下で「民主主義ごっこ」として興じているだけだ、ということすらも分らない。つまり「村」人日本人にとって戦後、民主主義である必要性はまるでなく――なぜなら日本人の歴史的古層に民主主義を形作る要因はまったくなく――要はいい旦那の妾になれさえすればよかったのである。つまり憲法に九条が付いていれば、民主主義であろうとなかろうと、どうでも良かったのである。それをまるで自分たちが昔から民主主義国家であるかのように錯覚できたのは――憲法九条が「村」社会の掟を合致していたことによる――国民の妥性によるものである。そんなであれば、キリスト教民主主義のなんであるかなど分るはずもない。それが戦争に最も強い政治思想だとして、近代になって取り入れられたものだ、ということが。

そのことは、いくら日本人が西洋思想を学んでも、害あっても利なしだということでもある。

たとえば朝日新聞による従軍慰安婦報道で、二十年間も揉め続けたことである。そして多分、朝日新聞はいまだに事の本質が分っていないだろうことである。

どうしてこのような問題が起ったのかと言えば、彼らはジャーナリズムという西洋思想を暗記(三次元身体で記憶)はしたが、それを日本「村」社会道徳(四次元身体の記憶)で解釈、判断したから訳の分らぬものになってしまったのである。

西洋は戦争社会であるから当然、彼らの歴史的古層には国家意識に基づく、国防における情報戦略思考があり、ジャーナリズムの起源もそこにある。しかし朝日新聞の歴史的古層は「逃げ走る」「村」人思考であるから、彼らにとって情報はなんの意味もなければ、また当然、国家への意識もない。彼らにあったのは、アメリカから洗脳された「間違った戦争」という「村」の「空気」感だけであった。つまり彼らは『吉田証言』に基づく、従軍慰安婦は悪だとする「村」社会道徳の「空気」に押されて報道したのである。彼らがまったく情報を取らずに報道したのは、彼らの歴史的古層（四次元身体の記憶）にあった瓦版屋の発想だけだったのである。

それがようやく決着の方向にむかったのは、歴史学者・秦郁彦氏が『吉田証言』に記された従軍慰安婦報道の問題となった現地・済州島を取材・調査した結果『吉田証言』がまったくの虚偽であることが明らかになったからである。ほとんど馬鹿みたいな話である。

そして多分それに、影響されてのことだろう——私は慰安婦問題を、内閣情報調査室のようなところで調査したという話を寡聞にして聞かない——が、河野洋平氏による、いわゆる「お詫びと反省」から成る「河野談話」が出ることになったのである。むろん氏一人によって判断されたわけではなく、背後に何人かの政治家が関与していたが、問題なのは彼らがみな「村」人であってサムライではなかったことである。

それはすでに述べた『アーロン収容所』で日本人将校が「日本が戦争を起し

たのは申しわけないことであった、これからは仲良くしたい」と言ったのに対し、英軍中尉は激怒し「君は奴隷か、奴隷だったのか」「負けたらすぐ勝者のご機嫌をとるのか、そういう人は奴隷であってサムライではない」「私たちは日本のサムライたちと戦って勝ったことを誇りとしているのだ。そういう情けないことは言ってくれるな」と批判したのと同断である。この言葉からも明らかなように、日本の政治家にはそういう情けない奴隷のような人物しかいなくなってしまったのである。かつての武士も、西洋の政治家も決して「お詫びと反省」などしなかった。する位だったら初めからするな、ということである。

さらに例を挙げる。それは大江健三郎著『沖縄ノート』（岩波新書）における旧日本軍守備隊長（赤松ら）が「集団自決」命令を出したという記述に対し、大江氏、岩波書店を相手取り名誉毀損で訴えた裁判である。

私がお話にならぬと思うのは、大江氏は自己の記述に対し一切、取材・調査を行っておらず、当時出版されていた『鉄の暴風』という書物を下敷に書かれたものだという事実である。この『鉄の暴風』という書物は著者自身語っているように「アメリカ側をヒューマニスティックに扱い、日本軍側の旧態をあばくという空気」で書かれたものである。しかも大江氏はそれを「旧守備隊長の持っていたはずの夢想、幻想を、私の想像力を通じて書きました」といった代物である。

このことは氏には一切責任を取る気がない、と言うより、責任そのものが分らぬということである。これは朝日、岩波に限らず、日本人には――「軍国支配者」の「無責任の体系」と言った丸山にも――責任というものがまるで理解できていない。西洋市民は（武士も）「私」で生きているから、「私」の言行はすべて「私の責任」となるから、自己の言行の裏付けとなる情報を取るのは自然なこととなる。もし自己の言行が間違っていたら「首が飛ぶ」からである。

それに対し「私たちは考えない」「村」人は責任それ自体が分らない。つまり「夢想、幻想を、私の想像力を通じて描きました」でも責任を問われず、首の飛ぶこともないから「考える」こともなく、いい加減な妄想で済ませてしまうのである。つまり氏の歴史的古層はいまだに「考えないことは平和だ」という江戸時代の「村」人のものなのである。

その他方において「集団自決」に対して「赤松（旧日本軍守備隊長）のような悪人がいるなら会ってみたい」という動機で、現地・沖縄を自ら取材・調査した曽野綾子氏の『「集団自決」の真実』は極めて客観性の高い著作である。

氏はその中で「『赤松が自決命令を出した』と証言し、証明できた当事者に一人も出会わなかった」と記している。にも拘らず、それをまったく無視し裁判所は大江氏、岩波書店を無罪にしてしまうのである。この「村」道徳的「空気」の支配する国では、情報も責任もまったく意味を持たぬらしい。いまだにである。

これは、何百年も「逃げ走る」客分という「村」人をやってきた日本人が、いかに知力（考える能力）を失い、それが歴史的古層化（四次元身体化）してしまったかの結果である。ここで言う知力とは、進化の下にヒトを含む生命が生命界において生き延びるための知の力である。それを失えばその生命は亡びる。つまり知力とは自己を含めて、他者を冷徹に定義、検証し、それに基づいて論理を展開し、証明（破壊）するという思考を最低でも行わなければならぬということである。最低でもとは、生命は力への意志という、ある種厄介なヒステリー性を帯びているからである。何百年も「考える」ということをやって来なかった日本人は、そうした思想の基礎を失い、訳の分らぬ、夢想、幻想、想像力といった狂気の妄言のようなもので、ごまかすしかなくなってしまったのである。それは戦前の軍国支配者の頭と同じだ、ということである。彼らも夢想、幻想、想像力といった、訳の分らぬもので戦争をしたから大敗したのである。

それでいて朝日が一流でいられたのは、読者もまた「村」道徳社会を生きている「村人」だったからである。が、さすがに彼らの余りの瓦版屋的な杜撰さに呆れ、ついに告発されるに至ったのである。まるでジャーナリズムと言えるような代物ではなかったからである。

それに対し、曽野氏がそれと無縁な、西洋の良質な市民とはこういう人なのか、と思われたことである。それは氏がキリスト教徒であることと無縁ではないからだろうが、氏がジャーナリズムを理解し、また氏が既述書の中で「そして今もなお戦争ではなく、軍隊の存在そのものが悪であるという考え方ができるのは、世界でも日本だけかもしれない」と言えたのは、氏が「私」で考えることができ、従って民主主義が理解できたということである。日本人が軍隊を悪と見るのは、世界でも日本「村」人だけが、侵略されても「逃げ走る」客分でいられたからである。つまり西洋では侵略されれば殺されるのが常識であったから、彼らは戦ったのであり、その軍隊を悪だ、などといっていられる甘い世界ではなかったのである。だから民主主義は徴兵制なのである。

それに対し、日本「村」人は、「逃げ走る」客分の無知を生きて来たから、本音では民主主義などどうでもよいのである。その象徴的人物が大江氏であり、すでに何度か触れた氏の次のような発言である。「米国の民主主義を愛する人たちが作った憲法なのだからあくまで擁護すべきだ」など、真の民主主義者なら決して口にしない。要は九条付きの憲法の下、アメリカ幕府の奴隷(妾)として生きて行こうという宣言のようなものである(日本人の属国好きも同様である)。　そしてその忠誠心の証であるかのように『沖縄のノート』において、アメリカが旧日本軍を悪としたという根拠だけで、集団自決命令者・赤松らを、なんの証拠にもならぬ『鉄の暴風』を持ち出し捏ち上げたのである。氏ら側は、まさか名誉毀損で訴えられるとは考えてもいなかったのだろう(それだけの頭はなかった)。だから、しどろもどろの——責任のなんたるかも分らぬ——対応しかできなかったのである。それをまた民主主義のなんであるかもさっぱり分らぬ、ただ「空気」を読むことしか知らぬ無知な裁判長によって救われただけのことである。

ここまで書いて来て気づいたことは、戦後も平和な大東亜戦争をやり続けていることの証とも言えるものが、オウム真理教事件だということである。そしてオウム真理教と朝日新聞、大江氏、岩波書店(以下、断わらぬ限り「朝日ら」と記す)とが実によく似ている事実である(オウムは犯罪集団であるから、私の言うことは当っていないと言うかもしれぬが、彼らの歴史的古層において同じだということである。それは戦前の軍国支配者にも言えることである）。彼らは共に知識人と言ってもいい人々であるにも拘わらず、信じられぬほどに「私」を持たぬ幼稚な人々であった（これは東條にも言える）。つまり知識（三次元身体の言語）はあるのだが、歴史的古層（四次元身体）に「私」がなく、あるのは「村」社会道徳の空っぽ頭だったということである。従って戦後、アメリカによる「間違った戦争」の「空気」観が入って来ると、それまでの大東亜戦争の「空気」観（共に三次元身体の言語）と容易に入れ代り、日本は民主主義擬きになり――民主主義は「私」によって成り立つ政治思想であるのに対し、日本人は「私たちは考えない」「村」人のそれであり――それを民主主義だと錯覚し、朝日らは出版、報道してしまったのである。これは曽野氏のように民主主義を理解することなく、それを「村」社会談合派閥主義で理解したから、あれほど「情報」を取らずに稚拙な議論に終始したのである。それは大東亜戦争における日本軍と同様である。

つまり民主国家であるなら本来、歴史的古層（四次元身体）は「私は考える」ではなくてはならぬところが、日本人（武士は除く）においては「私たちは考えない」だったのである。

そしてここで問題となるのが価値のそれである。価値は歴史的古層にある「私」と結び付いて初めて絶対的価値となるのだが、日本人の歴史的古層は「私たち」であるから、価値は右にも左にもブレる。つまり「空気」を読むのである。それが戦後、朝日新聞らを筆頭に日本人が簡単に民主主義擬きに走れた理由である（正直、朝日の蝙蝠のようにブレて、挙句に前の御主人の悪口を半ば捏ち上げ、それで金を稼ごうなど恥のかけらもないのかと思う。「村」人とはそういう人種なのである）。

これはすでに述べた『アーロン収容所』の英軍中尉が「一度やりだしたことは都合が悪くなっても、いや悪いと思っても断じて曲げない方が立派で男らしいのだと考え方も、私たちの想像以上に強く深く広く根を張っている」ことと対照的である。

戦後、朝日らは完全にブレて――恐らく彼らが純粋《ナイーブ》な「村」人思考であった分、旧日本軍に対する反発も大きくなって――しまったように、オウム真理教信者も、戦後資本主義が生み出したバブル経済の価値観に嫌気を感じていたところに、幼稚ではあっても彼らには胸に訴えて来るものがあったのだろう、教祖・麻原彰晃の示す価値観にすがり付き、幾多の犯罪を犯すことになったのである。そしてそれを戦後の日本人が大東亜戦争を「間違った戦争」でケリを付けてしまったように、オウム事件も「悪」の一言でケリを付けようとする日本人の知力（「私」）のなさ、それ自体が問題なのである。

はっきり言って朝日らの滅茶苦茶さとオウムのそれとは同根のものである。そしてそれは戦後教育の完全な失敗による。

確かに戦後教育を西洋人に施すのなら問題はない。彼らは歴史的古層（四次元身体）に「私は考える」を持っているから、教育は知識だけでもよい。しかし日本人の歴史的古層は「私たちは考えない」空っぽである以上、まずそこを埋めなければならない。ところが日本人は「私」で「考える」ことはできず、ただ、「空気」を読むだけである。それを無理に「考える」から夢想、幻想、想像力といった訳の分らぬものになってしまうのである。

日本人はヨーロッパ人のような歴史を持たぬ以上、いまさら市民にはなれない。日本で市民に一番近かったのは武士である。それは福沢を考えれば分ることである。

今日の日本人が「考える」能力がないのは自衛隊一つを取っても分ることで

ある。それが「村」人の「考えないことは平和だ」頭の齎したものだ、ということである。健全な民主主義者・曽野氏は「軍隊の存在そのものが悪であるという考え方ができるのは、世界でも日本だけかもしれない」と、暗に自衛隊にしがみ付く日本人を批判しているようにも思われる。

もし日本人が「考える」能力のある武士なら、即刻、自衛隊を止めて普通の国防軍のような軍隊にするだろう。世界に自衛隊のような訳の分らぬ軍隊が存在しないのは、専守防衛を宣言するだけで、敵国への抑止力が弱まるからである。攻撃力があるということが、大きな抑止力になるということが、何百年も「考えないことは平和だ」で「逃げ走る」客分をやって来た頭には理解できない（その典型が「自衛隊の全廃を目指さねばならない」などと言う大江氏である）。

それはまた同時に、大東亜戦争における旧日本軍が暴走したように、軍隊にすると暴走する恐れがある、という考え方が彼らにあることでもある。それは「私たちは考えない」者の浅知恵である。軍隊が暴走するのではなく、人が暴走するのである。大東亜戦争以降、日本にはその「人」がいないのである。「人」がいないからそんな馬鹿なことを言っているのである。

確かにこの今日の平和な大東亜戦争の時代に、自衛隊が暴走することはない。

しかし暴走させられることは十分にある。そのとき哀れなのは自衛隊である。そしてそうなった時の「逃げ走る」国民の卑劣さ、無責任さを私は憎む。多分、「村」人とはそういうものだと思う。そういう狡猾さがなければ「村」人は生き残れなかったから。つまり自分の思想に命を賭けることができぬのが「村」人だと。私はその典型的人物を丸山眞男に見る。その意味では、オウム真理教の信者より劣る。

ヨーロッパの禅者・ニーチェ（ランボー）

まず禅とはなにかを定義する前に、その前提となる条件を提示しておこう（「第一章権力〈力〉への意志論」と重複する箇所もある）。

ヒトは宇宙に生存しているが、人知によって宇宙そのものを理解することはできない。従って、そこにどのようにして生命が生れたのかも不明である。

しかしまた同時に、科学によっていくつか分ってきている事実もある。それは宇宙が無限大であり、また同時に四次元（時空世界）であり、その宇宙は無限に向かって高速度で膨張しているらしいことである。それはあるいは宇宙物理学者の戯言《たわごと》かもしれぬが、それを根拠に始めるしかない。

四次元をヒトが体感することは不可能である。かつて三次元空間に時間を加えたものが四次元だとされていた時代もあったが、現代ではそれらのものは一つのものとされている。それはアインシュタインの相対性理論によって理論化され、それらは一つの四次元世界に統一されることになった。つまりその意味するところは、地球上の生命は時間と空間とが分離された世界を生きているわけではなく、あくまで時空世界を生きている、ということである。すなわち、ヒトが時間と空間とを生きているのは事実ではなく、あくまで四次元（時空世界）を生きているのである。しかるに、現実においてヒトは時間と空間とを生きている。そこに人間とはいったいいかなる存在なのか、という疑問が浮かんでくる。

そこで私は、宇宙が無限に向かって膨張しているという、そんな世界は無に等しい、と考えるに至った。つまり四次元とは無限であるが、同時に無であるような、言い換えれば、時間も空間も存在しない、そんな奇怪な（人間には理解不能な）世界であり、それが地球上に生命を生み出したという事実だけで十分だと考えた。そして生命はなぜか知らぬが、その食うか食われるかの世界で、進化（それは生の上昇〔力への意志〕であり）していったのである。進化とは食う能力の開発、と同時に食われないための能力の開発としての四次元身体においての変異である。

私は生命は四次元世界という無・無限の世界を生きていると考え、その生命は無限に向かって生を膨張（上昇）させるために他者を食い、同時に自己も無の存在（モノ）であるから、他者に食われるのが生命（モノ）の自然な進化だと考えるに至った。そしてそのために身体を変異させてきたのだと。

別にそれだけのことなら問題はないのだが、その進化の末に、時間と空間とを生きる人類という奇怪な存在が生れることになった。

問題を整理しておく。

宇宙は四次元であるから、地球上の生命は四次元の身体で生きている。つまり生命は無限に向かって食餌と生殖とを通して、生を上昇させている無の存在だ、ということである。そこには人間の（三次元を生きる）一切の感情――悲しみ、喜び、苦しみ等――といったものはない。単なる無と無限とにおける生命を持つモノでしかない。そうであれば、食うか食われるかの世界も単なる自然であるに過ぎない。従って、そこにおけるモノである生命には一切の感情はない。

ところがサルから進化したヒトは、言語と共に価値を獲得することによって、四次元身体に三次元身体というものを生み出させ、そこから世界を空間と時間とに分離させてしまった。それは単に進化にとって有利だったからであるが、その時間を持つことで言語を通して空間に価値を与え、その対象を時間上に言語(価値)で考えることができるようになるまでに人類は進化した。

しかし宇宙はあくまで四次元であって、空間(三次元)と時間とはそれぞれとしては存在しない。そうなるとヒトが視覚し、また考えるための言語などというものは存在しないことになる。にも拘わらず、ヒトはそうした生活をしている。

先に結論を言えば、言語(価値)の生み出した空間(三次元世界)と時間とは、ヒトが四次元身体にまで進化を進めた結果として、そこに言語化によって生み出された価値という虚構(嘘)の世界を生み出すに至ったのである。つまりヒトは四次元身体に支配された、時間上における三次元身体という虚構(嘘)の身体を生きる存在なのである。言い換えれば、ヒトは四次元身体という「本来のおのれ」（ニーチェ）と、三次元身体という「意識にのぼってくる……表面的部分、最も粗悪な部分」（ニーチェ）という虚構の身体との二重の身体を生きているのである。

ヒトが眠ると無になるのは四次元になるからである。眠りは四次元であり、無であるから、進化しなかったのである。

ここに人間の不幸が始まる。四次元を生きている四次元生命は、無と無限とを生きる存在（モノ）だから、空間も時間もなく、またそこに生も死もない。単に殺し、食うか食われるかだけの世界である。

ところがヒトは、言語によって時間を持ち、その時間上に価値をいうものを持ってしまったところに、すべての不幸が生れることになった。

確かに、価値は喜びも与えてくれたが、苦しみの方がはるかに大きかった。病、老、死といったもの、特に最後の、ヒトは死なねばならぬ存在だという事実は、一切の価値を否定するものだから。

加えて、ヒトは四次元生命（サル）から進化したものであるから、四次元身体内では殺し合うという、力への意志に基づく本能的価値に支配されることになったから、ヒトは戦争を止めたくても止められない存在に進化してしまったのである。すなわち「平和」「戦争反対」などの言葉は、ニーチェに言わせれば「意識にのぼってくる思考はその知られないでいる思考（四次元身体の思考）の極めて僅少の部分、いうならばその表面部分、最も粗悪な部分にすぎない」のである。人類はその歴史が示すとおり戦争を回避することはできなかった。もし回避する方法があるとすれば、唯一の方法は人類全体の核武装化である。なぜならヒトは自己の死（価値の拡大の行えなくなる状態）をもっとも恐れるからである。

私はニーチェを禅者とは言うものの、当然禅とは趣をまったく異にする。それは彼がある意味禅の悟りに達していたとは言え、それは禅の範疇を——それはある意味、禅語という価値をもった三次元言語の範疇を——彼の場合それを神秘体験（進化の逆行）を経験することによって突き抜け、生の本源（四次元生命というモノ）にまで価値を脱落させてしまったのであり、禅の悟りとは構造的には同じでも趣はかなり異なる。

悟りは禅における身心脱落（進化の逆行）によって達せられる安息の境地であるが、禅者ニーチェが生き着いたところは悟りではなく——もっと奥深く苦痛を伴ったものであって——、従ってそれは禅語と言えるような世界ではない。

ただたまたま彼は神秘体験によって一挙に四次元生命にまで価値を脱落させてしまった結果、ニヒリズムに陥ってしまったのである。しかしニヒリズムという価値のない世界でヒトは生きられない。

ニーチェの禅（とりあえずそう言っておく）が通常の禅とは大きく異なるのは、通常の禅者は禅語という宗教内の言語で生活することができるが、ニーチェはその禅語という虚構（嘘）の世界をも進化の逆行によって突き抜け、生の本源である無・無限（四次元生命というモノ）にまで達してしまったから、彼は禅語で語ることはできず、彼は彼自らの世界（ニヒリズム）で思想することによって、自らの思想的造語的価値の世界を作り出さねばならなかったのである（私も同様である）。

ニヒリズムに陥るとは言葉では簡単だが、その虚無の激痛の中で思想することによって、そこに自らの造語的価値の世界を形作るしかないのである。これがニーチェや私の思想が世間のものと著しく異なる理由である。

そこで禅の悟りと、ニーチェの禅的世界とを比較してみようと思う。まずここでは、ニーチェの思想と禅のそれとの類似性から述べる。再三であるがニーチェの『ツァラトゥストラ』から引用する。

「君はおのれを『我』と呼んで、このことばを誇りとする。しかし、より偉大なものは、君が信じようとしないもの――すなわち君の肉体と、その肉体のもつ大いなる理性なのだ。それは『我』を唱えはしない。『我』を行うのである」

ここから彼の悟りを取り出せば、ヒトは「我」（「私」）のことばを誇りとするが、そんなものは意識の「表面的部分、最も粗悪な部分」に過ぎない。最も偉大なものは「君の肉体と、その肉体の持つ大いなる理性」という悟りの世界、つまり四次元身体の世界だということである。安直な学者は口先（意識の表面）で「我」を唱えるが、超人（四次元身体に達した者）は「我」を行うのである。

さらに「第二章　なぜヨーロッパに資本主義、民主主義が起ったのか」での『ツァラトゥストラ』の言葉を部分的に引用する。

彼は「本来のおのれ」という言葉を用いているが、これも四次元身体である。「本来のおのれ」は「我」の支配者であり、また同時に「知られない賢者」でもある。「我」の支配者とは、三次元身体は四次元身体に支配されているということである。ヒトが戦争をするのもその一つであるが、同時に「知られない賢者」という悟った者でもある。

その意味において彼が「主体は虚構である」と言ったのは、「本来のおのれ」（四次元身体）から見れば、それに支配されている意識の「表面的部分、最も粗悪な部分」は虚構（嘘）に過ぎぬということである。

それに対して禅宗はあくまで宗教である。ということは、禅問答のようなどれほど論理的に理解し難いものであっても、言語的制約内にあるものであり、悟りもまたあくまでその内のものである。そのことは、禅語が理解できるようになれば悟りに達せられる、ということである。座禅はそのための修行である。

ヒトはサルという四次元生命から、徐々に言語による価値化によって、時間を作り出し、そこにおける三次元身体という虚構（嘘）の身体を形作っていった。その結果としてヒトは価値（虚構）による快・不快（苦）を感じる存在となった。

禅の悟りとは、一言でいえば、座禅を通して進化を逆行させ、それによる身心脱落によって得られるものである。

それに対してすでに述べたように、四次元生命とは単なる無と無限との中で、生命をもったモノに過ぎない。そしてそこへまで神秘体験によって進化を逆行させ、身心を脱落させてしまったのがニヒリズムである。ニーチェが「知られない賢者」が「君の肉体のなかに、かれが住んでいる」（共に四次元身体）といった意味がこれである。つまり禅の悟りにしろ、ニーチェの「知られない賢者」にしろ、それらは身体（肉体）の中に住んでいるので、頭で考えても分らぬ世界である。

すでに触れた禅の悟りとニヒリズムとの関係であるが、前者は宗教による言語的規範（禅語）の制約内のものであるから、身心脱落に至っても宗教内の言語的規範の価値内に収まる。それが悟りであるのに対し、ニヒリズムはほぼ無限に進化を逆行させてしまうから、禅宗のような宗教的言語規範（禅語）をも突き破り、四次元生命（サルの生命）＝ニヒリズムにまで進化を逆行させることになる。

ヒトは価値の世界を生きて初めてヒトなのである。ところが価値をまったく失ってしまった状態（ニヒリズム）に陥りながら、ヒトであるということは矛盾であり、途轍もない苦痛である。そうなれば、そのニヒリズムの中から自ら価値を生み出していくしか生き残る術はない。それがニーチェや私の未知の思想であり、それはニヒリズムと無縁の人々には永遠の謎だろう。

さらにここで禅者・ニーチェと係わる問題として、禅者・詩人ランボーについて触れておく。彼と禅との間には本質的係わりがある。

たとえば彼の比較的有名な詩『母音』の冒頭の一部をここに取り上げる。
「A《アー》は黒、E《ウー》は白、I《イー》は赤、U《ユー》は緑、O《オー》は青／母音よ　お前たちの秘められた生誕をいつの日か物語ろう／　A《アー》　猛烈な悪臭の周囲に唸りを立てて飛びまわる／きらめく蝿の　毛むくじゃらの黒いコルセット／……」（宇佐美斉訳）

こうした支離滅裂な詩は、当初ヨーロッパではまったく無視されたが、その後一転して衝撃的に受け入れられることになった（日本におけるランボー熱は囲われ者思考の範囲を出ない）。その衝撃とは、恐らく彼らがそれまで胡座《あぐら》をかいていた言語（思想）体系が、神の死を伴う近代化——産業革命、資本主義による意識の変化によってフロイトのような思想家を生み出さざるを得ぬ状況——によって、それまでの価値が大きく揺らぎ始めたところに、ニーチェ同様にランボーが見い出されることになったのである。それはニーチェ、ランボーが天才であったわけでなく、時代が彼らのような天才を生み出したということである。

たしかにヨーロッパにおける言語（思想）体系は崩れつつあったが、しかし彼らの悪魔の思考法が崩れることはなかった。つまり、キリスト教の「私は考える」という思考法は。なぜならキリスト教徒でなければ「私」は存在できぬから。

いずれにせよ言語体系の崩れようとする中で、彼の、言語体系をまったく無視した詩はヨーロッパで受け入れられ、彼の早熟な詩才と、二十歳での唐突な詩の放棄と相俟って、彼の名声は否応なく高まった。

しかしヨーロッパ人は彼が神秘体験者であることが理解できるような精神風土をまったく持たなかった。なぜなら彼らはすべてにおいて「私は考える」＝有の思想を生きているから。つまり禅者ニーチェが、価値を脱落してニヒリズムに達した者であることが分らぬように、ランボーが通常詩の言語を脱落させ、非詩的言語（禅語のような言語）をもって詩を書いたということも理解できなかった。すなわちランボーは無価値な（価値を脱落させた）詩を書いたのである。そしてそれがたまたま、ヨーロッパにおいて言語（思想）体系が大きく崩れる時であったから、彼の詩は大いに注目されたのである。

ところで彼の、詩的言語を脱落させた詩は、西洋詩の世界ではどのように受け取られたのか？

言語とは自己の想念を他者に伝えることを基本とする。そうであれば『母音』（その後の彼の『イリュミナシオン』なども）は何を言いたいのか彼自身にもよく分らなかったはずだし――言語的価値を脱落してしまっているのだから——、また分ったとしても少しも面白くないはずである。これは通常の言語と禅語（禅問答）との関係と同じである。とにかく文章としては成り立っているが、価値を脱落してしまっているから、理解もできねば面白くもない。

そうであれば、彼は詩を書くことの無価値さに気づいた。だから彼は詩を放棄したのである。彼にとって自己の作品が天才のものだと崇められようともまったく意味がなかった。そも作品自体が無価値の上に成り立っているという認識が彼にはあったから。多分、彼は自分の作品に強く影響された後の猿マネ芸術——ダダイズム、シュールレアリスム——を冷笑したことだろう。

西洋人は悪魔の思考はできても、禅的あるいは「知られない賢者」の思考は理解できない。だからニーチェも、ランボーもいまだ天才でいられるのである。

無を知り、カミを見た男の生涯

これを書くのには若干の迷いもあった。私事のように思えたからである。が、敢えて書く気になったのは、かつて西洋人から見て日本人が「妖精」のように見えたことが、日本人の思考法が非思考とでもいうべき「空っぽ」だと彼らには見えていたからだと、気づかされたことと無関係ではない。この「空っぽ」とは価値というものをほとんど知らぬという意味であって、私がさんざん貶《けな》してきた空っぽ頭とは異なる。空っぽ頭とは、その「空っぽ」に西洋のガラクタ思想を詰め込んだ、一切「私は考える」ことのできぬ洗脳された頭を指し、しかもそれを「私は考える」と勘違いしている頭を指している。結局、それは単なる西洋の猿マネである。

昔（少なくとも明治以前）の日本人にとって、「無」を知ることも「カミ」を見ることも、そんなに難しいことではなかったのではないか、それが難しくなったのは、西洋思想の流入によって日本人が空っぽ頭化してしまい、その頭で考えるからわけが分らなくなってしまったのではないか、それはかつて私自身も空っぽ頭で考えていたから「無」や「カミ」が分らなかったのではないか、と考え付いたのである。つまりそれらに私が「無心」で接すれば分ったものを、「心」を西洋思想で汚された頭で考えたから、わけの分らぬものになってしまったのではないかと。そしてそれが今の日本人だと。

具体的に話そう。

私は十四歳まで田舎で暮らしていた。と言っても現代人には住めるような環境ではないだろう。どうにか電気、水道はあったものの、衛生面は酷かった。畑に撒かれた下肥が強風になると土埃とともに家の中に入って来るし、また夏になると白漆喰《しろしっくい》の天井は蠅でびっしり埋まり、取っても取り切れぬという有様だった。

食事も粗末であったが、しかし後に東京に引越し、おいしい物が食べられるようになっても、ついに、かつて沢庵《たくあん》だけで御飯三膳を夢中になって食べたときの爽快感には及ばなかった。

そんな田舎暮らしの私にとって、私と自然との間に区別はなかったと言ってもよい。自然は私であり、私は自然であった。またそれが当り前だと思っていた。そんな中で私は「無」を知った。むろん私に無の知識など有ろうはずもなかったから、それが無であるなど知るよしもなかった。それは私が「空っぽ」の生を生きていたから起ったことであろう。その快さの記憶が残っているだけである。

その無の体験は鮒釣りでしばしば起った。田圃の中の蓮池で、蓮の花咲く水面に釣糸を垂らし、その浮木の動きを凝視している時の快さは今も忘れられない。

私はただ浮木を見つめているだけであるが、すると私も時間もなくなり、敢えていえば浮木だけが存在しているような快い世界、つまり私は「空っぽ」になってしまったのである。そして世界とはそういうものだと思っていた。

さらに私がカミを見たのは、中学校一、二年の二年間である。もっともカミを見たと言っても、現代の少年なら、好きな少女ができた、という表現になるだろうが。

なぜ私はその少女にカミを見たのか。それは私が恋愛感情という価値観――恋愛とは自己の価値と相手の価値との取引であって、それが一致したとき、初めて成り立つものであるが――私は恋愛という価値観を持たぬ無価値＝「空っぽ」の世界を生きていたのである。

むろん当時の私はカミを見たと思ったわけではない。敢えて言葉で表現すれば、私は生れて初めてこの世のものとも思えぬ美しく、畏敬の念を抱かせるものに出会った、という感を抱くに至ったのである。

そんな私は二年間、二クラス百人にも満たぬ中にいて、終始顔を合わせていたにも拘らず、ついに一度も声を掛けたことがなかった。あたかも身分が違うかの如く、自分に口を利く権利があるとは思えなかったのである。一度だけ少女から声を掛けられた記憶がある。その声はむろんのこと、顔も名前も今も鮮明に覚えている。

これは余談だが葉室頼昭著『神道と日本人』に次のような記述があった。

「京都で大文字焼きがあるでしょう。その中に『妙』という字がありますね。あれは少女という意味です。子供でもないし、大人の女でもない。その中間で少女です。そこに神の命を見るというのが『妙』なんです。ところが、このごろは少女がいないですね」

私の人生がここまで(十四歳)で終わっていたら、私の一生は幸福だったといってもいいだろう。が、なまじそれまでの「空っぽ」の生が齎してくれた幸福感は、その後移った資本主義社会・東京という金メッキ社会の中で、かつての真の生を取り戻すために悪戦苦闘を強いられることになった。

私は十四歳のとき、東京に引越すことになったが、少女に未練はまったくなかった。当時、カミという意識はなかったにしろ、住む世界がまったく違うことが分っていたからである。

東京に住みはじめて感じた第一印象は「いやな街だ」であった(それは今も

変わらない）。確かに金銭的には豊かになり、おいしい物も食べられたが、そこには田舎で得られていた快さそのものがなかった。

そんな私は高校に入ると、ごく自然に不良化していった。たぶん都会（資本主義社会）の齎す快楽が、失われてしまった自然の快さを取り戻してくれると勘違いしたのだろう。だから、いわゆる不良と呼ばれる若者とは無縁だった。むしろ自分が不良化しているという自覚はあっても、外に選ぶ道がなかった、と言った方が正しいかもしれない。

正直、不良化しても私の心は少しも満たされなかった。そこでこういう難問を解いてくれるのが哲学書だと誤解し読んだが、はっきり言って一行も理解できなかった。

私が哲学、と言うより西洋思想をそれなりに理解できるようになったのは最近のことである。そしてそれが人間のための思想としては、つまらぬものだと悟るに至った。つまらぬとは、人間の徳というものはどうでもよいとする思想でしかない、ということである。今の私には、こんなつまらぬ西洋思想に夢中になれる日本人という存在が理解できない。囲われ者とはそういうものなのだろうか？

私にも、不良化せず学問の道に進むという選択肢もあったはずである。私も平均的学生であったら、そこらに転がっている優秀な空っぽ頭の学生になれていたかもしれない。

しかし、私の「空っぽ」の中には無自覚にではあっても、原体験としての無とカミとが鎮座してしまっていた。そしてそれはある意味、私の人生とはその原体験を掘り起すための悪戦苦闘の一生であったと言ってもよい。私は最近まで、自分の人生は失敗であり、なぜ失敗したのかその理由を解くための旅だったのではないか、と思っている。

そうであれば、無を知り、カミを見てしまった私の「空っぽ」はごく自然に、洋学というものを拒否することになった。と言うより、洋学(主に哲学、政治学、経済学。そしてキリスト教)というものが一行も理解できなかったと言ったほうが正しい。そして今もそのほとんどが分らぬし、分ろうとも思わない。なぜ私が学問に対してそうした接し方をすることになったかと言うと、それは私が博覧強記の人になろうという欲求が少しもないからである。私にとって問題なのは、「私は考える」「私はある」とはどういうことなのかであって、それが後に私にデカルトに関心を寄せた理由である。つまり私は西洋思想の中核を知りたかっただけで、その外のことはどうでもよかったのである。まさかこの老齢になって洋学、と言うより西洋文明という得体の知れぬ妖怪と死闘を演ぜねばならぬとは思いもしなかった。

話を戻せば、とにかく最低線で大学を卒業し、就職した。仕事は準公務員のようなもので、書類を扱い、ほぼ定時には退社できた。傍目には、こういう仕事を楽な仕事というのかもしれぬが、私にとっては半ば地獄であり、毎日心は悲鳴を上げていた。

最初の頃は学生時代の延長のように不良生活をすることによって、なんとかごまかしていたが、それでは問題が解決せぬことを悟り、私は芸術活動に入り、やがて会社を辞めその活動に入った。初めから、それで食べていけぬことは薄々分っていたが、とにかくサラリーマン生活という砂を噛むような生活から抜け出したかった。そして予想どおり挫折した。その後、私は仕事を転々とし、ついにその苦しみにも耐え切れなくなり、私は実家に引き籠るようになった。

正直、私に実家というものがなかったら自殺していただろう。私は犯罪に走るようなタイプの人間ではないから。

しかし私はそうした挫折、苦痛を通して――今、余裕があるから言えるのだが――多くを知り、学び、考えさせられた。

その一つに、資本主義とは実に嫌な経済体制だ、という実感である。それは格差社会を生み出し、人間関係を疎遠にする、つまりモノ化させていく経済思想だ、という実感である。

私はもともと資本主義体制に対して批判的であったわけでもなく、共産主義思想に関心を寄せたこともある。しかし私が共産主義を見限ったのはその思想ではなく、ある意味人間が本能的備えているクズ性――私にはその自覚が少なからずあった――を自称共産主義者たちが遺憾なく発揮していたことにある。

人は人格者に生れついてはいない。だからそう成ることはできぬが、自省と努力とはできる。その意味では、人は苦しむために生れてきたとも言える。今の私はそう考えている。

さらに学んだのが、民主主義万歳の嘘である。

ヒトは群れ本能的価値を持つと同時に、力への意志というある種のクズ性に縛られているが故に、共産主義国家を目指せば必然的に、スターリン、毛沢東のようなクズ性を持った独裁者を生み出すことになるのは、自然の理と言ってもよい。

であれば、独裁権を国民に与えれば、一見、全権力は国民に与えられたかのように思われるが、近代民主主義の基盤は、資本主義という競争社会の齎す富の上に成り立っているものであるから、そこにおいて富を得た勝者は、なお自分に富を齎してくれる政治家等に金を注ぎ込み、当選すればその議員は当然、自分を応援してくれた資本家の便宜を図ることになる。そこで貧乏人が富を得るのは宝籤に当る程度の確率だろう。しかも宝籤は貧乏人が損をする仕組みに出来ている。民主主義とは金持ちと貧乏人との格差社会の美名にすぎない。

私が仕事を転々としている間に交際したのは、すべて社会の吹き溜まりにいる人々であった。彼らは一様に希望というものを持っていなかった。どうして彼らがそれで生きていかれるのか、私は長いこと分らなかった。

資本主義には、ある種の錯覚させられるものがある。それは金持ちの顧客は店主にペコペコ頭を下げられると、あたかも自分になにかそれだけの威厳があるかのように思ってしまうことである。その錯覚は店主の方にもある程度あるだろう。ところがそうではなく、自分が頭を下げているのが、顧客ではなく、顧客の支払う札束（紙切れ）にあるのだと自覚したら、多少なりとも自尊心のある者なら、自分の商売に対し忸怩たる思いが湧き起るだろう。しかしそういうことは起らない。なぜならそれが資本主義というものなのだから。つまり売り手と買い手との間に人間的信頼関係は必要なく、売り手というモノと買い手というモノとの商取引に過ぎぬ、ということである。言い換えれば、自分がヒトではなくモノに下落してしまっていることが自覚できぬのである。

これは分業も同様であって、そこに必要なのは生産する人ではなく、生産するモノで十分なのである。

ここに資本主義の致命的欠陥がある。それは自分が自然の一部であることを忘れて生きねばならぬ経済思想だということである。

しかしヒトは自然人としてしか生きられない。それは金持ちにしても貧乏人にしても同じである。非自然人は自己の苦しみをどう癒せばよいのか。

それは端的に言えば麻薬(アヘン、宗教)である。本来、幸福に暮らしている人間には無用なものである。ところが貧富を問わず、非自然人として暮らしているモノは人間性を取り戻したい。それには価値の拡大である快としての麻薬しかない。

富があれば資本家はそれで充分なはずであり、麻薬に手を出す必要はない。

しかし資本主義社会の中でモノ化してしまった人は、本来ヒトが持っている共感性価値観が失われてしまったのである。

これは貧乏人も同様で、彼らの場合はそれに貧しさが付き纏う。麻薬を手に入れるには金が必要だから、必然的に密売人にもなれば、犯罪にも手を染める。さすれば資本主義の犯罪は必然的に増加する。

自然を否定した資本主義社会にあって、人間性は、もうどうでもよいものになる。金とモノとだけが跳梁し、支配し、格差社会の幅を広げていく。その結果、麻薬、犯罪は増加の一途を辿っていく。

むろんそうした反社会的方向に進むことを阻もうとする組織、団体は存在するだろうが、ヒトは所詮、権力(力)への意志の持つクズ性には太刀打ちできない。ヒトはヒトへと進化したとき、そうした性質を内包してしまったのであり、資本主義はその最終章である。

それに対し禅やニーチェの思想は、そうした力への意志の中にあっても、身心を脱落させ、「悟り」や「本来のおのれ」に達することによって、より高次のヒトになれるかもしれない。

資本主義はますます増上していくだろう。ヒトは価値の拡大を生きる存在だから。それはその国の文化、伝統、道徳、習俗といったものを破壊し、かつて持っていた自国の文化的概念をも失わせてしまうだろう。特に歴史的古層が水のようなものである日本の場合、国はなくなってしまうかもしれない。三島の言うように。

国はなくなってもいいではないか、というヒトもいるかもしれない。しかし国がなくなるということは、自己のアイデンティティ(「私はある」)を失うことであって、通常ヒトは生きていかれない。ところが、そういうことが、歴史的古層に国家という概念を持たぬ島国育ちの、群れ本能的価値を生きる日本人には分らない。だから愛国心も分らない、と言うよりその意味そのものが分らない。

多くの西洋人にとって——彼らは「私」を生きているから——、愛国心は分る分らぬの問題ではなく、自己の存在証明に係わることである。

日本人にはそれが理解できぬから、かつて公立小学校で愛国教育反対と言い、国旗掲揚・国家斉唱反対運動が起ったのである。西洋人から見れば反抗期の少年としか映らぬだろう。つまり「私」を持たぬ日本人であればこそ、こんな子供染みたことをやるのである。

これはいまさら余計なことかもしれぬが、戦争の多くは利害関係から始まるが、問題はその多くがつまらぬ切っ掛けから起っていることである。その典型は第一次世界大戦である。そのことは、ある意味戦争中ではあっても、それを話し合いによって中止することもできるのではないか、ということである。しかしそんなことはほとんど起こっていない（停戦は別である）。

なぜか？　なぜならヒトは一度《ひとたび》戦争という肉食動物的集団ヒステリーに陥ってしまうと、理性の制御はほとんど利かなくなり、また国家に対する自己の存在証明を行わなければ、「私はある」の存在感が得られぬ、という事情もあるからである（ただし「私たち」を生きる日本人にこの感覚は分らない）。

このことは第一次・第二次世界大戦において、西洋では多くの民間人の志願兵が集まったのに対し、日本においては、国民は内心、赤紙（徴兵）の来るのを恐れながら――志願兵がいたという話を私は寡聞《かぶん》にしてほとんど知らない――軍国支配者を恐れるあまり、喜んだ振りをして奴隷のように徴兵に応じたのである。戦後、日本人が、かつての敵であったアメリカを馬鹿馬鹿しいほど歓迎したのは、奴隷からの解放の感覚があったからで、その奴隷状態に置かれた大東亜戦争であればこそ、いとも易々と「間違った戦争」にすることができたのである。

これを見ていると、日本人とは奴隷と妾との合の子のように見える。戦前は聖戦を称える軍国支配者を恐れる奴隷であったのが、敗戦によってその状態から解放されると、今度はアメリカの妾になれたといって喜んで日本国憲法を受け入れ、自ら戦った敵を肯定し、「間違った戦争」と反省することになるのである。そしてその理論的指導者が丸山である。この国では奴隷と妾との合の子が思想家になれるのである。

日本人が世界でも異様なのは、「私」ではなく、「私たち」客分で生きている――本人にその自覚もなく――からであり、従って、国家に対して自己の存在証明の必要を感ずることもなく、当然、愛国心も起って来ない。

ヒトは群れ本能的価値を生きているから、「私」では生きられない。そこでヒトは国家という群れ集団の一員であることによって、「私」の存在が証明されたのである。つまり、西洋では国家＝「私」であり、それが故に「私」は国家のために戦うのである（この「私」はかつての武士が持っていたものであり、西洋においては、キリスト教が「私」の永遠の命を保証することによって成り立っていた）。

それに対し、「私たち」を生きる日本人（むろん武士は例外だが）には、そうした意識がない。しかも戦後に至っては、「逃げ走る」客分である草食動物的集団ヒステリーに陥っている者ばかりだから、自ら戦争を起すことは有り得ず、むしろ、もし仮に肉食動物的集団ヒステリーを持つ国に侵略されたら一溜《ひとたま》りもないだろう。

国家は肉食・草食動物的ヒステリーという両者のバランスの上に成り立っているものだが、日本人にはそれが分らない。それが大東亜戦争敗戦を挟んで奴隷から妾に平気で変身できた理由である。

今更かもしれぬが、今日の資本主義社会とは経済戦争社会である。直接殺し合うことはないが、それは歴《れっき》とした戦争であって（敗者は自殺さえする）、他者を殺しはしないが自他共の魂（心）を殺していくことでは変わりない。だから資本主義社会には、精神の死を蘇られせてくれる麻薬・宗教が必要なのである（それは麻薬・宗教に限らず、金《かね》、モノ、アルコール、果ては精神科医をも含んでよいかもしれない）。

私たち現代人はそんな世界を生きているのである。

後書き

正直、痛感したことはニーチェの思想は一般には理解不能だということである。ヒトは頭で考え思想するからである。しかるにニーチェは「肉体という大いなる理性」「君の思想と感受の背後に一個の強力な支配者、知られない賢者がいるのだ、――その名が『未来の己』である。君の肉体の中に、彼が住んでいる。君の肉体が彼である」と言ったところで、そんな肉体で考える「肉体の思想」を何万語費やして説明しても理解できるはずがない。ニーチェはほとんど理解不能な思想家であり、それに準ずる私の思想もほとんど同様である。

堀江秀治（ホリエシュウジ）
昭和２１年１月　東京に生まれる。
昭和４４年３月　慶應義塾大学政治学部卒業。
昭和５２年４月　家業を継ぐ。

ニーチェから見た　資本主義論　堀江秀治 著

2019 年 12 月 16 日　初版第 1 刷発行

発行者　大石真平
発行所　株式会社エフジー武蔵
http://www.fg-musashi.co.jp
〒 156-0041 東京都世田谷区大原 2-17-6-B1
TEL 03-5300-5757　FAX03-5300-5751
ISBN 978-4-86646-042-0